MEMBENTUK MURID-MURID RADIKAL

Buku petunjuk untuk memfasilitasi pembentukan-murid dalam kelompok kecil, gereja-rumah, dan perjalanan misi jangka-pendek, menuju gerakan perintisan-gereja

Membentuk Murid-Murid Radikal

Buku petunjuk untuk memfasilitasi pembentukan-murid dalam kelompok kecil, gereja-rumah, dan perjalanan misi jangka-pendek, menuju gerakan perintisan-gereja

Oleh Daniel B. Lancaster, Ph.D.

Diterbitkan oleh: T4T Press

Cetakan Pertama, 2011

Hak Cipta Dilindungi Undang-Undang. Dilarang memperbanyak atau mengalihkan sebagian atau seluruh buku ini dalam bentuk atau dengan cara apa pun, entah secara elektronik atau mekanik, termasuk menyalin, merekam atau dengan menggunakan sistem penyimpanan dan pencarian informasi, tanpa izin tertulis dari pengarang, kecuali untuk kutipan singkat dalam suatu resensi.

Hak Cipta 2011 oleh Daniel B. Lancaster

ISBN 978-1-938920-15-8 tercetak

Semua kutipan teks alkitab yang bertanda (LAI-TB), kecuali dinyatakan lain, diambil dari ALKITAB TERJEMAHAN BARU ® Hak Cipta © 1974, 1994 oleh Lembaga Alkitab Indonesia (LAI). Digunakan atas izin LAI. Hak Cipta Dilindungi Undang-Undang.

Membentuk Murid-Murid Radikal

Kutipan teks alkitab yang bertanda (LAI-BIS) diambil dari ALKITAB KABAR BAIK dalam Bahasa Indonesia Sehari-hari ® (LAI-BIS) Hak Cipta © 1985, 1995 oleh Lembaga Alkitab Indonesia. Hak Cipta Dilindungi Undang-Undang.

Kutipan teks alkitab yang bertanda (KH-FAYH) diambil dari FIRMAN ALLAH YANG HIDUP ® Hak Cipta © 1989 oleh Living Bibles International. Diterbitkan oleh Yayasan Kalam Hidup; Jalan Naripan 67 - Kotak Pos 156 Bandung 40112. Hak Cipta Dilindungi Undang-Undang.

Kutipan alkitab yang bertanda (KIS LAI) diambil dari KITAB SUCI INJIL Hak Cipta © 2000 oleh Lembaga Alkitab Indonesia. Digunakan atas izin.

Perpustakaan Kongres Katalog Dalam Terbitan

Lancaster, Daniel B.

Membentuk Murid-Murid Radikal: Buku petunjuk untuk memfasilitasi pembentukan-murid dalam kelompok kecil, gereja-rumah, dan perjalanan misi jangka-pendek, menuju gerakan perintisan-gereja. / Daniel B. Lancaster.

Termasuk referensi kepustakaan.

ISBN 978-1-938920-15-8

1. Follow Jesus Training: Basic Discipleship– United States. I. Title.

Rekomendasi

"Selalu ada kebutuhan akan buku-buku yang melihat penyebarluasan misi dan pertumbuhan gereja melalui sudut pandang pengalaman dan pengabdian. *Pelatihan Mengikuti Yesus* termasuk serial semacam itu. Buku ini menyederhanakan strategi Yesus dalam menjangkau umat manusia dalam dunia masa kini.

Buku ini ditulis oleh seorang praktisi, bukan teoritikus belaka. Anda akan semakin kaya karena membaca dan mempelajari Pelatihan Mengikuti Yesus, suatu pendekatan baru dari ujung pena seorang misionaris veteran, Dan Lancaster."

Roy J. Fish
Profesor Emeritus
Seminari Teologi Baptis Southwestern

Mencari sesuatu yang praktis untuk membentuk murid-murid pencari serta orang beriman-baru di dalam suatu kelompok kebudayaan? Ini dia!

Sebuah buku pelatihan pemuridan tiga-hari yang begitu mudah dijalankan sehingga murid-murid baru bisa menggunakannya untuk melatih orang lain, dan pada gilirannya, melakukan perintah-perintah Yesus dengan cinta. Daniel Lancaster telah mengangkat banyak pengalaman, praktek-praktek terbaik dan teks Alkitab, lalu menjadikannya sebagai suatu alat yang akan selalu saya bawa."

Galen Currah
Paul Timothy, Konsultan-Keliling Para Pelatih
www.Paul-Timothy.net

"Pendekatan yang jelas dan berulang dari materi pemuridan ini memberi kerangka kerja efektif dalam hal pengertian dan penguasaan dasar-dasar iman bagi orang beriman-baru, dan berbagi apa yang mereka pelajari dengan orang lain."

Clyde D. Meador
Wakil Presiden Eksekutif
International Mission Board, SBC

"Sudah saya ajarkan bahan-bahan ini kepada 100-an tokoh di Amerika, dan selalu saya peroleh dua tanggapan yang sama, 'Betapa sederhananya buku ini,' dan 'Andaikan dulu saya diajari hal ini.' Kebenaran dalam buku petunjuk ini bersifat viral, praktis, terbukti, dan efektif serta menghasilkan murid yang menghasilkan murid. Dengan sepenuh hati saya merekomendasikannya!"

Roy McClung
Misionaris/Konsultan
www.MaximizeMyMinistry.com

Rekomendasi

"Ini adalah katekismus untuk dunia GPG (Gerakan Perintisan Gereja). Merupakan terapan praktis dari suatu proses yang bisa diperluas untuk memberi kerangka kerja dasar bagi pemuridan yang berbuah limpah. Buku ini penuh dengan kiat-kiat pelatihan yang berharga dan praktis."

Curtis Sergeant
Wakil Presiden *Global Strategies*
E3 Partners Ministry
www.e3partners.org

"Buku Satu: Yesus - *Membentuk Murid-Murid Radikal* merupakan semacam alat pemuridan praktis yang bisa digunakan oleh orang beriman-baru di seluruh dunia untuk meletakkan fondasinya dalam Yesus. Para beriman diajari untuk mengasihi Allah dengan sepenuh hati, jiwa, akal-budi dan dengan segenap kekuatan mereka. Juga buku ini menyediakan peralatan yang bisa digunakan baik oleh orang yang baru beriman maupun yang sudah matang ketika mewartakan kasih Kristus.

Sejak hari pertama, para *peserta pelatihan* (selanjutnya disebut: *pembelajar*) mengembangkan keprihatinan terhadap dunia kita yang tersesat dan sekarat. Para pelatih melatih orang lain untuk membagikan pelajaran yang diajarkan ketika mereka melangkah maju memasuki wilayah-wilayah gelap ditemani terang Yesus. Buku ini praktis, ramah-pengguna, alkitabiah, dan berani."

Gerald W. Burch
Misionaris Emeritus
International Mission Board, SBC

"Dan Lancaster menyediakan metoda yang sederhana, alkitabiah, dan bisa-direproduksi untuk menghasilkan pengikut Kristus yang radikal. Apa lagi yang Anda cari? Doktor Dan menggunakan delapan gambaran sederhana tentang Yesus guna membantu orang beriman bertumbuh dalam Tuhan. Prinsip-prinsip ini sudah teruji dalam pengalaman misi yang penuh cobaan dan akan berguna bagi Anda."

Ken Hemphill
Strategi Nasional untuk Penguatan Pertumbuhan Kerajaan
Penulis, Pembicara, Konsultan Pertumbuhan, dan
Profesor Evangelisme dan Pertumbuhan Gereja

"Saya menggunakan bahan ini di Filipina dan menyukainya karena ADA HASILNYA. Saya tanyakan kepada pembelajar, mengapa bahan ini disukai dan jawaban mereka, "Karena orang yang kami ajar bisa melatih orang lain juga!" Inilah nilai penting dalam pelajaran sederhana ini ... BISA-DIREPRODUKSI.

Sudah kami lihat para pengacara, doktor, kolonel, usahawan, janda, dan para satpam di pintu-pintu gerbang, orang terpelajar dan tidak terpelajar, semuanya menggunakan materi ini untuk melatih orang lain yang bahkan melatih lagi orang lain."

Darrel Seale
Misionaris di Filipina

"Sebagai perintis gereja karir baik di kawasan pedesaan maupun perkotaan Thailand selama lebih dari 30 tahun, begitu sering saya saksikan "gereja-gereja yang mengalami penciutan" –gereja yang terus bergantung pada pemimpin luar untuk sebagian besar santapan rohani mereka. Umumnya, kondisi ini terjadi karena perintis gereja-gereja ini menggunakan metoda pembelajaran yang berorientasi-barat, yang tidak bisa-direproduksi oleh jemaat setempat. Beberapa gereja ini malah mereproduksi diri sendiri – mereka pincang sejak lahir!

Buku petunjuk pelatihan ini memberikan kita dua kunci untuk memastikan bahwa Sang Sabda akan diteruskan dari jemaat kepada jemaat: bentuk sederhana dari kemampuan reproduksi dan pengulangan."

Jack Kinnison
Misionaris Emeritus
International Mission Board, SBC

"Yesus mengatakan bahwa barangsiapa ingin menjadi muridNya, ia harus "menyangkal diri, memikul salibnya dan mengikuti Dia." Sebagai pengajar, gembala, pendeta, dan misionaris, Dan Lancaster memahami tuntutan-tuntutan yang mendasar dan tidak tergantikan dalam hal pemuridan. Pelatihan ini berharga, strategis, dan cocok untuk daerah terpencil sebagaimana pantas juga untuk ruang kuliah universitas.

Panggilan untuk menjadi murid bersifat universal dan Dr. Lancaster menciptakan suatu alat yang bisa digunakan dan direproduksi dalam setiap kebudayaan dan situasi. Menggunakan metoda pengajaran yang sederhana dan padat, PMY menjadikan pelatihan pemuridan sebagai sesuatu yang menyenangkan dan tidak terlupakan. *Pelatihan Mengikuti Yesus* merupakan paket lengkap bagi para murid: alkitabiah, bisa-direproduksi, praktis, dan melipatgandakan."

Bob Butler
Country Director
Cooperative Services International
Phnom Penh, Kerajaan Kamboja

Doktor Dan Lancaster dengan cermat mempelajari bukan hanya Alkitab melainkan juga kebudayaan. Ia telah memberi kita suatu proses sederhana dan bisa-dijalankan untuk membantu orang lain kuat bertumbuh dalam Tuhan sehingga mengikuti cara-cara Yesus tanpa menjadi "berorientasi program". Proses menuju Gereja Rumah ini berpusat pada Kristus dan berorientasi murid. Saya sangat menghargai proses ini dan berdoa semoga ia akan melebihi budaya Gereja Rumah dan juga digunakan dalam gereja tradisional di Amerika Utara."

Ted Elmore
Penyiasat Doa dan Penyiasat Pelayanan Lapangan
Southern Baptists of Texas Convention

Daftar Isi

Rekomendasi 3
Prakata 11
Ucapan Terima Kasih 13
Pendahuluan 15

Bagian 1: Petunjuk Praktis Penggunaan

Strategi Yesus 23
Pelatihan Para Pelatih 31
Ibadat Sederhana 39

Bagian 2: Pelatihan

Selamat Datang 47
Berlipat ganda 55
Mengasihi 71
Berdoa 83
Patuh 97
Berjalan 113
Pergilah! 129
Berbagi 141
Menabur 155
Pikul Salib 167

Bagian 3: Referensi

Studi Lebih Lanjut 177
Catatan Kaki 179
Lampiran A 181
Lampiran B 183
Lampiran C 193

Prakata

*"...dan ajarlah mereka melakukan semua
yang kuperintahkan kepadamu."*

Kata-kata penutup dalam Amanat Agung ini tetap sama penting dan menantang bagi kita hari ini sebagaimana ketika Kristus pertama kali menyatakannya 2000 tahun lalu. Apa maksudnya melakukan semua yang diperintahkan Kristus? Rasul Yohanes mengatakan bahwa jikalau segala yang dikatakan dan dikerjakan Yesus harus dituliskan, tidak cukup tempat di seluruh dunia untuk menyimpan semua buku itu (Yoh 21:25). Tentu saja, dalam pikiran Yesus ada sesuatu yang lebih ringkas. Dalam bagian satu Pelatihan Mengikuti Yesus, dengan sub judul *Membentuk Murid-Murid Radikal,* Daniel Lancaster mengemukakan delapan gambaran Injil tentang Yesus, yang apabila diteladani, dapat mentransformasi (mengubah bentuk, sifat, dsb.) pengikut Kristus menjadi murid yang menyerupai Kristus.

Dalam *Membentuk Murid-Murid Radikal,* Doktor Dan membidik sasaran yang lebih tinggi daripada menghasilkan buku tentang pemuridan belaka. Doktor Daniel berjuang keras demi terbentuknya suatu gerakan multiplikasi pemuridan. Demi tujuan ini, ia menghabiskan empat tahun untuk menulis, menguji-coba, mengevaluasi, dan merevisi program pemuridannya hingga dilihatnya bahwa program ini bukan hanya mentransformasi orang kristen baru menjadi murid-murid yang menyerupai-Kristus, melainkan juga menjadikan murid-murid ini penghasil murid lain yang efektif.

Setelah mengembangkan sistem pemuridan ini, Dr. Lancaster melayani seluruh tubuh Kristus dengan memadatkan pelajaran-pelajaran ini dalam format yang ramah-pengguna, dan bisa-direproduksi sehingga dapat disesuaikan dengan situasi budaya mana pun di dunia ini. *Membentuk Murid-Murid Radikal* merupakan kontribusi dinamis terhadap pencarian tanpa akhir untuk menjadi serupa dengan Yesus dan melipatgandakan kerajaan Kristus melalui murid-murid baru di seluruh dunia.

Pemuridan di dalam zaman yang sangat terpengaruh oleh situasi dunia ini tidaklah mudah, namun ini bukan tidak mungkin, dan bukan pula suatu opsi. Ketika menyelami karya Dan Lancaster, *Membentuk Murid-Murid Radikal*, Anda akan berjumpa dengan seorang murid yang setia serta pembentuk murid yang mampu menunjukkan peta jalan yang sudah teruji dan terbukti menuju perjalanan selanjutnya.

David Garrison
Chiang Mai, Thailand
Pengarang – Gerakan Perintisan-Gereja Bagaimana Tuhan sedang Menebus Dunia yang Hilang

Ucapan Terima Kasih

Terima kasih kepada semua jemaat pada tiga gereja di Amerika, tempat *Pelatihan Mengikuti Yesus* bermula lima belas tahun lalu: *Community Bible Church*, Hamilton, Texas (gereja perintis di pedesaan); Gereja Baptis Perjanjian Baru, Temple, Texas (sebuah gereja mapan yang mengutamakan pemuridan); dan *Highland Fellowship*, Lewisville, Texas (gereja perintis di kawasan pinggiran kota). Selama bertahun-tahun, kami saksikan PMY bertumbuh dari empat menjadi tujuh, dan akhirnya delapan, citra Kristus. Kita telah saling berbagi dalam banyak hal, dan kasih serta doa kalian menghasilkan banyak buah bagi bangsa-bangsa!

Mitra nasional di beberapa negara Asia Tenggara memoles dan menerapkan Pelatihan Mengikuti Yesus secara internasional. Karena pertimbangan keamanan dan keselamatan di negara-negara ini, tidak saya ungkapkan nama mereka. Secara khusus, sebuah kelompok dari tiga negara telah membantu dalam uji coba-lapangan atas pelatihan ini dan terus melatih murid-murid generasi penerus untuk melatih orang lain.

Terima kasih kepada begitu banyak pembelajar yang telah memberikan dukungan doa, umpan balik, dan dorongan semangat selama empat tahun proses pengembangan di Asia Tenggara. Kalian telah membantu memusatkan dan memperbaiki pelatihan ini secara signifikan.

Masing-masing kita merupakan produk investasi dari para mentor dan pengalaman hidup kita. Saya ingin berterima kasih kepada *Rev.* Ronnie Capps, Dr. Roy J. Fish, *Rev.* Craig Garrison, Dr. David Garrison, Dr. Elvin McCann, *Rev.* Dylan Romo, dan

Dr. Thom Wolf atas pengaruh mereka dalam kehidupan saya sebagai seorang murid Yesus.

Terima kasih khusus kepada Drs. George Patterson dan Galen Currah atas beberapa lakon pelatihan aktif, singkat dan jenaka yang digunakan dalam pelatihan ini.

Akhirnya, terima kasih saya kepada keluarga atas dukungan dan dorongan semangat mereka. Anak-anakku, *Jeff, Zach, Karis,* dan *Zane,* terus-menerus menjadi sumber iman, pengharapan, dan kasih yang tiada akhir.

Holli, istriku, telah melakukan tugas yang luar biasa dengan membaca naskah ini berkali-kali dan menawarkan banyak saran. Ia menambahkan beberapa ide cemerlang dari berbagai seminar pelatihan yang dipimpinnya dan menjadi seorang teman diskusi yang setia dalam banyak gagasan, selama lima belas tahun terakhir.

Semoga Tuhan memberkati kalian semua, seraya kita terus mengembangkan para pemimpin yang penuh kasih dan semangat, dan membawa kesembuhan kepada pelbagai bangsa!

Daniel B. Lancaster, Ph.D.
Asia Tenggara

Pendahuluan

Selamat datang di pelatihan *Membentuk Murid-Murid Radikal*, bagian satu dari Pelatihan Mengikuti Yesus (PMY)! Semoga Tuhan memberkatimu dengan damai sejahtera karena menjadi pengikut PuteraNya. Semoga buah-buah pelayananmu bertambah beratus kali lipat ketika kalian melangkah perlahan bersama Yesus menuju Kelompok Orang Belum Terjangkau (KOBeT).

Buku petunjuk di tangan Anda ini adalah suatu sistem pelatihan yang komplit berdasarkan strategi Yesus menjangkau dunia. Ini merupakan hasil riset dan uji-coba selama bertahun-tahun baik di Amerika Utara maupun Asia Tenggara. Sistem ini bukan teori, melainkan praktek. Gunakan sistem ini untuk menghasilkan perbedaan nyata di dunia ketika sedang dalam misi Anda bersama Tuhan. Kami sudah berhasil dan Anda pun pasti bisa.

Setelah memulai sebuah gereja pedesaan dan sebuah gereja pinggiran kota di Amerika, keluarga kami menyadari adanya panggilan ke Asia Tenggara untuk mengajar dan melatih para pemimpin. Saya telah menjadi perintis gereja di Amerika selama lebih dari sepuluh tahun serta melatih para perintis lainnya. Apa susahnya pindah ke seberang lautan dan melakukan hal yang sama di sana? Keluarga kami berangkat ke daerah misi dengan rasa bangga dan harapan besar.

Selama belajar bahasa, saya mulai melatih orang lain bersama seorang rekan setempat. Kami mulai dengan menawarkan kursus pelatihan satu-minggu tentang pemuridan dasar dan perintisan gereja. Secara khusus, 30 sampai 40 murid menghadiri pelatihan. Mereka sering berkomentar tentang betapa baiknya pelajaran-

pelajaran ini dan sangat menghargai pengajaran kami. Namun, satu hal mulai mengusik saya: ternyata mereka tidak mengajari orang lain apa yang telah mereka pelajari.

Sekarang di Amerika Anda bisa saja "tidak mendapat sanksi apa pun kalau tidak mengajar orang lain" karena saat ini (atau dulu) sudah ada banyak orang yang mengerti alkitab di tengah-tengah kebudayaan Amerika, malahan di antara kalangan orang-orang yang hilang. Namun, tidak demikian halnya di Asia Tenggara. Tidak ada pemahaman alkitab di antara kalangan orang-orang yang hilang. Di Amerika, Anda bisa mengandalkan kenyataan bahwa orang-orang ini mungkin akan menemui seorang Kristen lain yang akan mempengaruhi mereka; di daerah misi, tidak ada jaminan seperti itu.

Oke, berarti di sini kami menghadapi situasi yang tidak menentu. Kami mengajari orang-orang setempat apa yang kami anggap sebagai "hal baik" tetapi mereka tidak mereproduksinya. Bahkan, nampaknya seperti kami sedang memikat "para penggemar seminar profesional." Fakta bahwa kami menyediakan makanan selama sepekan pelatihan di sebuah negara yang terlilit kemiskinan juga memperumit situasinya. Apa yang terjadi berikutnya mengejutkan dan meremehkan saya.

Setelah suatu kegiatan pelatihan, saya duduk di kedai teh bersama penerjemah dan mengajukan pertanyaan sederhana:

"John*. Menurut kamu, berapa banyak materi pelatihan kita dalam minggu ini yang akan diterapkan dan diajarkan oleh para peserta kepada orang lain?"

John berpikir sejenak dan boleh dibilang ia tidak ingin menjawab. Dalam kebudayaannya, seorang murid tidak seharusnya mengkritik gurunya dan ia merasa seperti itu ketika saya bertanya. Setelah lebih banyak percakapan dan jaminan dari saya, ia memberikan jawaban yang mengubah segalanya:

---

* Namanya disamarkan demi alasan keamanan.

> *"Doktor Dan, saya kira mereka akan lakukan sekitar sepuluh persen ajaran Anda minggu lalu."*

Saya bingung dan berusaha menyembunyikannya. Sebagai ganti, saya menanyakan hal lain yang mengawali suatu proses yang akan kami lanjutkan selama dua setengah tahun berikutnya:

> *"John, bisakah kamu tunjukkan kepada saya sepuluh persen aksi yang akan atau sedang mereka lakukan? Rencana saya adalah mempertahankan sepuluh persen itu, menyingkirkan sisanya, dan menulis ulang pelatihan sampai mereka melakukan segala hal yang telah kita latih."*

John menunjukkan kepada saya sepuluh persen aksi yang diyakininya akan mereka lakukan. Kami membuang sisanya dan menulis ulang pelatihan untuk pertemuan berikutnya. Satu bulan kemudian, kami menawarkan lagi pelatihan satu-pekan dan sesudah itu kepada John saya ajukan pertanyaan yang sama: Berapa persen yang akan mereka lakukan? Jawab

> *John, "Doktor Dan, saya sangat yakin kali ini mereka akan lakukan lima belas persen ajaran Anda."*

Saya kehabisan kata. John tidak tahu kalau saya sudah menulis ulang pelatihan itu sejak bulan sebelumnya, memasukkan "yang terbaik dari yang terbaik" dari setiap hal yang telah saya pelajari sebagai seorang gembala di Amerika dan sewaktu melatih para perintis gereja lainnya. Dalam seminar itu ada hal terbaik yang harus saya berikan... dan pembelajar hanya perlu melakukan lima belas persen!

Jadi, dimulai dengan proses yang telah digunakan selama dua setengah tahun, kami memoles dan mengembangkan sistem Pelatihan Mengikuti Yesus. Tiap bulan, kami mengadakan seminar satu-minggu dan mengadakan sesi umpan balik setelah seminar. Satu pertanyaan muncul sebagai penuntun upaya kami: berapa persen dari pelajaran kita yang akan mereka kerjakan (atau sedang dikerjakan) sebagai dampak dari pelatihan ini?

Pada bulan ketiga, persentase kami meningkat menjadi 20; bulan berikutnya menjadi 25. Ada beberapa bulan tanpa kemajuan sama sekali. Pada bulan-bulan lain, terjadi lompatan besar. Namun, sepanjang fase perkembangan, jelas tampak satu prinsip. Semakin banyak kami melatih orang lain untuk meneladani Yesus, semakin besar kemungkinannya mereka melatih orang lain melakukan hal yang sama.

Saya masih ingat hari ketika John dan lain-lainnya menyampaikan kepada saya bahwa orang yang kami latih mengerjakan sembilan puluh persen materi latihan. Sudah seharusnya sejak dulu kita tinggalkan metoda barat kita, metoda Asia kita, pelatihan PhD kita, pengalaman kita, dan belajar untuk percaya hanya kepada teladan Yesus yang ditinggalkan-Nya kepada kita untuk diikuti.

Begitulah kisah tentang lahirnya Pelatihan Mengikuti Yesus (PMY). *Membentuk Murid-Murid Radikal* merupakan sistem pelatihan praktis yang membekali orang-orang beriman untuk mengikuti lima langkah strategi Yesus agar dapat menjangkau bangsa-bangsa yang tercantum dalam keempat Injil, Kisah Para Rasul, Surat-surat para Rasul, dan sejarah Gereja. Tujuan pelaksanaan pelatihan ini adalah transformasi dan bukan informasi. Atas dasar itu, pelajarannya merupakan "benih-benih" kebenaran rohani utama yang sederhana; terlebih lagi, benih-benih ini sangat bisa-direproduksi. Materi pelatihan ini mengikuti prinsip rohani, "sedikit ragi sudah membuat seluruh adonan mengembang" dan memberdayakan orang-orang beriman agar menjadi pengikut Kristus yang mereproduksi dan penuh semangat.

Ajarkan materi dalam buku petunjuk ini sebagaimana adanya, tanpa mengubah sedikit pun (lain halnya jika menyesuaikan pelatihan dengan situasi budaya setempat), paling kurang lima kali. Bayangkan tim pelatihan berjalan di samping Anda, dan membimbing selama lima kali pertama Anda memfasilitasi pelatihan. *Membentuk Murid-Murid Radikal* mengandung beberapa dinamika yang tumpang-tindih dan tidak begitu jelas sampai akhirnya akan menjadi jelas apabila Anda sudah melatih orang lain secara bertahap dan beberapa kali. Sampai saat ini, kami sudah melatih ribuan orang (kristen dan bukan kristen) dengan materi ini, baik di Asia Tenggara maupun Amerika. Ikuti saran ini agar terhindar dari kesalahan yang dilakukan orang lain! Ingat: orang cerdas belajar dari kesalahannya sendiri; orang bijak belajar dari kesalahan orang lain.

Sewaktu Anda mulai, selayaknya kami berbagi dengan Anda bahwa Pelatihan Mengikuti Yesus telah mengubah kami sebagaimana telah mengubah setiap orang yang kami latih. Semoga Tuhan melakukan hal yang sama, bahkan lebih berlimpah di dalam kehidupan Anda!

Bagian 1

PETUNJUK PRAKTIS PENGGUNAAN

Strategi Yesus

Strategi Yesus untuk menjangkau pelbagai bangsa meliputi lima tahap: kuat bertumbuh di dalam Tuhan, berbagi Kabar Baik (injil), membentuk murid (pemuridan), merintis kelompok yang bakal menjadi gereja-gereja/jemaat, dan mengembangkan para pemimpin. Tiap tahap berdiri sendiri-sendiri, tetapi juga memperkuat tahap lainnya dalam proses melingkar. Bahan dalam PMY memberdayakan para pelatih untuk menjadi katalis bagi gerakan perintisan-gereja di antara orang-orangnya dengan mengikuti Yesus.

Membentuk Murid-Murid Radikal ditujukan pada tiga tahap pertama: Kuat Bertumbuh di dalam Tuhan, Berbagi Kabar Baik, dan Membentuk Murid (Pemuridan). Pembelajar diberikan visi tentang multiplikasi dan dilatih untuk: memimpin kelompok kecil, berdoa, melakukan perintah Yesus, dan berjalan dalam kuasa Roh Kudus (Kuat Bertumbuh di dalam Tuhan). Pembelajar kemudian menemukan cara untuk bersatu dengan Tuhan di mana pun tempat mereka bekerja; mereka belajar tentang cara memberikan kesaksian, menyebarluaskan Kabar Baik, dan berbagi visi dengan orang lain mengenai multiplikasi (pelipatgandaan) di antara orang-orangnya (Berbagi Kabar Baik). Bagian terakhir kursus memberikan pembelajar sarana untuk membentuk murid (tahap tiga) dan menuntun mereka ke dalam kelompok-kelompok.

Pembelajar yang setia untuk melatih orang lain dengan menggunakan materi *Membentuk Murid-Murid Radikal* bisa melanjutkan dengan materi *Merintis Gereja (Jemaat) Radikal* atau *Pelatihan Pemimpin Radikal,* bergantung pada kebutuhan mereka. *Merintis Gereja(Jemaat) Radikal* adalah suatu sistem pelatihan yang didesain untuk memberdayakan jemaat supaya merintis kelompok-kelompok dan gereja-gereja baru (tahap ke empat dalam Strategi Yesus), yang mengarah kepada gerakan perintisan-gereja. *Pelatihan Pemimpin Radikal* adalah suatu sistem pelatihan yang dibuat untuk menempa pemimpin yang bergairah dan spiritual, (tahap kelima dalam Strategi Yesus), yang juga mengarah pada tujuan akhir gerakan perintisan-gereja. Kedua sistem pelatihan ini memaparkan pelayanan dan metoda Yesus, yang memberikan pembelajar sarana sederhana dan bisa-direproduksi sehingga mereka dapat menguasai materi dan berbagi dengan orang lain.

Kutipan-kutipan teks alkitab selanjutnya akan menegaskan lima tahap tersebut dalam karya pelayanan Yesus. Strategi rasul Petrus dan Paulus menunjukkan bahwa mereka meniru Yesus dengan menjalankan pola yang sama. Pelatihan Mengikuti Yesus memungkinkan kita melakukan hal yang sama.

YESUS

KUAT BERTUMBUH DI DALAM TUHAN

–Luk 2:52– Yesus bertambah besar dan kuat serta bijaksana. Orang-orang suka kepada-Nya dan Allah semakin mengasihi-Nya..

BERBAGI KABAR BAIK

–Mrk 1:14,15– Mrk 1:14 Setelah Yohanes dipenjarakan, Yesus pergi ke Galilea, dan mengabarkan Kabar Baik dari Allah di sana! Kata-Nya, "Allah segera akan mulai memerintah. Bertobatlah dari dosa-dosamu, dan percayalah akan Kabar Baik yang dari Allah!" (BIS-LAI)

MEMBENTUK MURID

–Mrk 1:16-18–Ketika Yesus berjalan di pantai Danau Galilea, Ia melihat dua nelayan, yaitu Simon dan adiknya Andreas. Mereka sedang menangkap ikan di danau itu dengan jala. Yesus berkata kepada mereka, "Ikutlah Aku! Aku akan mengajar kalian menjala orang." Langsung mereka meninggalkan jala mereka lalu mengikuti Yesus. (BIS)

MERINTIS KELOMPOK/GEREJA-GEREJA

–Mrk 3:14, 15– Ia menetapkan dua belas orang, yang juga disebut-Nya rasul-rasul untuk menyertai Dia dan untuk diutus-Nya memberitakan Injil dan diberi-Nya kuasa untuk mengusir setan. (TB) (Lihat juga Mrk 3:16 -19, 31, 35)

MELATIH PARA PEMIMPIN

—Mrk 6:7-10—Ia memanggil kedua belas pengikut-Nya, lalu mengutus mereka berdua-dua dan memberi kuasa kepada mereka untuk mengusir roh-roh jahat. Ia berpesan kepada mereka: "Jangan membawa sesuatu pun dalam perjalanan kecuali tongkat. Jangan membawa makanan, tempat bekal, ataupun uang dalam ikat pinggang. Kamu boleh memakai alas kaki, tetapi jangan mengenakan dua rangkap pakaian." Kalau kalian masuk ke suatu rumah, tinggallah di situ sampai kalian meninggalkan kota itu. (Lihat juga Mrk 6:11-13)

Petrus

KUAT BERTUMBUH DI DALAM TUHAN

—Acts 1:13, 14— Setelah mereka masuk ke kota, naiklah mereka ke ruang atas, tempat mereka menumpang. Mereka itu ialah: Petrus dan Yohanes, Yakobus . . . Mereka semua bertekun dengan sehati dalam doa, bersama Maria ibu Yesus, serta beberapa perempuan lain, dan dengan saudara-saudara Yesus. (TB)

BERBAGI KABAR BAIK

—Kis 2:38— Petrus menjawab, "Bertobatlah dari dosa-dosamu. Dan hendaklah kalian masing-masing dibaptiskan atas nama Yesus Kristus, supaya dosa-dosamu diampuni. Maka Saudara-saudara akan menerima hadiah Roh Allah dari Allah. (BIS)

MEMBENTUK MURID

—Kis 2:42, 43— Mereka bertekun dalam pengajaran rasul-rasul dan dalam persekutuan. Dan mereka selalu berkumpul untuk memecahkan roti dan berdoa. Lalu ketakutan melanda semua orang, sebab rasul-rasul itu mengadakan banyak mukjizat dan tanda ajaib. (TB)

MERINTIS KELOMPOK/GEREJA-GEREJA

—Kis 2:44-47— Semua orang yang percaya tetap bersatu, dan semua milik mereka adalah milik bersama, dan selalu ada dari mereka yang menjual harta miliknya, lalu membagi-bagikannya kepada semua orang sesuai dengan keperluan masing-masing. Dengan bertekun dan sehati mereka berkumpul tiap-tiap hari dalam Bait Allah. Mereka memecahkan roti di rumah masing-masing secara bergiliran dan makan bersama-sama dengan gembira dan tulus hati, sambil memuji Allah dan mereka disukai semua orang. Tiap-tiap hari Tuhan menambah jumlah mereka dengan orang yang diselamatkan. (TB)

MELATIH PARA PEMIMPIN

—Kis 6:3, 4— Karena itu, Saudara-saudara, pilihlah tujuh orang dari antaramu, yang terkenal baik dan penuh Roh dan hikmat, supaya kami mengangkat mereka untuk tugas itu, dan supaya kami sendiri dapat memusatkan pikiran dalam doa dan pelayanan Firman. (TB) (Lihat juga Kis 6:5,6)

Paulus

KUAT BERTUMBUH DI DALAM TUHAN

– Gal 1:15– Tetapi sewaktu Allah, telah memilih aku sejak kandungan ibuku dan memanggil aku oleh anugerah-Nya, berkenan menyatakan Anak-Nya di dalam aku, supaya aku memberitakan Dia di antara bangsa-bangsa bukan Yahudi, sesaat pun aku tidak minta pertimbangan kepada manusia; juga aku tidak pergi ke Yerusalem mendapatkan mereka yang telah menjadi rasul sebelum aku, tetapi aku berangkat ke tanah Arab dan dari situ kembali lagi ke Damsyik.

BERBAGI KABAR BAIK

–Kis 14:21– Mereka [Paulus dan Barnabas] memberitakan Injil di kota itu dan memperoleh banyak murid. Lalu mereka kembali ke Listra, Ikonium dan Antiokia.

MEMBENTUK MURID

–Kis 14:22– ...menguatkan hati murid-murid itu dan menasihati mereka supaya bertekun di dalam iman. "Kita harus banyak menderita dahulu untuk masuk ke dalam Kerajaan Allah," begitulah Paulus dan Barnabas mengajarkan.

MERINTIS KELOMPOK/GEREJA-GEREJA

–Kis 14:23– Di tiap-tiap jemaat rasul-rasul itu menetapkan penatua-penatua bagi jemaat itu dan setelah berdoa dan

berpuasa, mereka menyerahkan penatua-penatua itu kepada Tuhan yang kepada-Nya mereka percaya.

MELATIH PARA PEMIMPIN

– Kis 16:1-3 – Paulus datang juga ke Derbe dan ke Listra. Di situ ada seorang murid bernama Timotius; ibunya seorang Yahudi dan telah percaya, sedangkan ayahnya seorang Yunani. Timotius ini dikenal baik oleh saudara-saudara seiman di Listra dan di Ikonium. Paulus mau, supaya dia menyertainya dalam perjalanan...

SEJARAH GEREJA

Sepanjang sejarah Gereja, proses lima tahap yang sama ini sungguh jelas. Entah St. Benediktus, St. Fransiskus dari Assisi, Peter Waldo dengan aliran Waldensian, Jacob Spener dengan aliran Pietis, John Wesley dengan Metodis, Jonathan Edwards dengan Puritan, Gilbert Tennant dengan Baptis, Dawson Trotman dengan Navigator, Billy Graham dengan evangelikalisme modern, atau Bill Bright dengan Lembaga Pelayanan Mahasiswa (*Campus Crusade for Christ*), pola serupa muncul berulang-ulang.

Yesus bersabda, "Aku akan mendirikan jemaat-Ku" dalam Mat 16:18. Pola ini adalah metode Yesus dan PMY memberdayakan orang kristen untuk mengikuti Yesus dengan sepenuh hati, jiwa, akal budi dan dengan seluruh kekuatan mereka.

Pelatihan Para Pelatih

Bagian ini memperinci bagaimana melatih para pelatih dengan cara yang bisa-direproduksi. Pertama, kami akan berbagi bersama Anda hasil-hasil yang bisa diharapkan secara masuk akal setelah Anda melatih orang lain menggunakan materi *Membentuk Murid-Murid Radikal*. Lalu, kami akan memperinci proses pelatihan, yang meliputi 1) ibadat, 2) doa, 3) belajar, dan 4) praktek, berdasarkan perintah yang paling penting. Akhirnya, kami berbagi beberapa prinsip kunci untuk melatih para pelatih yang telah kami temukan sewaktu melatih ribuan pelatih.

Hasil-Hasil Yang Diharapkan

Setelah menyelesaikan materi *Membentuk Murid-Murid Radikal*, pembelajar akan mampu untuk:

- Mengajarkan 10 pelajaran pemuridan dasar kepada orang lain berdasarkan Kristus, dengan menggunakan proses pelatihan yang bisa-direproduksi.
- Mengingat kembali dengan jelas delapan citra yang menggambarkan seorang pengikut Yesus.
- Memimpin sebuah ibadat kelompok-kecil dan sederhana, berdasarkan perintah yang paling penting.
- Memberikan kesaksian penuh kuasa dan memberitakan injil dengan penuh keyakinan.

- Mengemukakan suatu misi konkrit untuk menjangkau orang beriman yang tersesat dan melatih mereka menggunakan Peta Kisah Para Rasul 29.
- Merintis sebuah kelompok murid (beberapa di antaranya akan menjadi gereja-gereja) dan melatih orang lain melakukan hal yang sama.

PROSES

Tiap sesi menggunakan format yang sama. Di bawah ini tercantum urutan dan perkiraan jadwal:

MEMUJI TUHAN

- 10 menit
- Mintalah seseorang membuka sesi ini, memohon berkat dan bimbingan Allah bagi setiap orang di dalam kelompok. Daftarkan seseorang di dalam kelompok untuk memimpin lagu koor atau madah pujian (bergantung pada situasi Anda); alat musik bersifat opsional.

BERDOA

- 10 menit
- Upayakan agar pembelajar berpasangan dengan seseorang yang belum pernah menjadi pasangannya. Tiap pasangan saling berbagi jawaban atas dua pertanyaan:

    1. Bagaimana kita dapat mendoakan orang-orang yang hilang yang Anda tahu akan diselamatkan?
    2. Bagaimana kita dapat berdoa bagi kelompok yang sedang Anda latih?

- Jika seorang pembelajar belum memulai sebuah kelompok, pasangannya hendaknya bekerja sama dengannya untuk membuat daftar teman dan anggota keluarga yang mungkin dapat dilatih, lalu berdoa bersama pembelajar itu bagi mereka yang tercantum dalam daftar.

BELAJAR

Sistem *Pelatihan Mengikuti Yesus* menggunakan proses berikut: *Memuji Tuhan, Berdoa, Belajar, dan Praktek*. Proses ini berdasarkan model Ibadat Sederhana yang dijelaskan pada awal halaman 33. Untuk 10 pelajaran dalam buku petunjuk PMY, sesi 'Belajar' dijelaskan di bawah ini.

- 30 menit
- Tiap bagian "Belajar" mulai dengan "Tinjauan Ulang". Ini merupakan kajian ulang terhadap delapan citra Kristus dan pelajaran yang sudah dikuasai sejauh ini. Pada akhir pelatihan, pembelajar akan mampu menghafal seluruh materi pelatihan.
- Setelah "Tinjauan Ulang", pelatih atau asisten melatih pembelajar dengan pelajaran saat ini, dan menekankan bahwa pembelajar harus mendengarkan sungguh-sungguh karena kemudian mereka akan melatih satu sama lain.
- Ketika menyajikan pelajaran, pelatih hendaknya menggunakan urutan berikut:

  1. Mengajukan pertanyaan.
  2. Membaca ayat Alkitab.
  3. Mendorong pembelajar menjawab pertanyaan.

Proses ini menempatkan firman Tuhan sebagai autoritas hidup, bukan gurunya. Terlalu sering, guru bertanya, sendiri memberi jawaban, lalu mendukung jawabannya dengan Alkitab. Urutan seperti ini menempatkan guru sebagai sumber autoritas, alih-alih firman Tuhan.

- Jika pembelajar salah menjawab pertanyaan, jangan dibetulkan, tetapi mintalah untuk membaca ayat Alkitab dengan lantang dan menjawab ulang.
- Tiap pelajaran berakhir dengan ayat hafalan. Pelatih dan peserta latih berdiri berdampingan lalu mengucapkan ayat hafalan sebanyak 10 kali; pertama menyebutkan ayat, lalu isinya. Pembelajar boleh membaca ayat hafalan dari Kitab Suci atau buku panduan sebanyak enam kali pertama. Namun, untuk empat kali terakhir, kelompok ini mengucapkan ayat hafalan di luar kepala. Seluruh kelompok mengucapkan ayat hafalan sepuluh kali lalu duduk.

PRAKTEK

- 30 menit
- Sebelumnya, pelatih sudah menentukan pembelajar untuk segmen "Berdoa" Pasangan doa sekaligus sebagai pasangan praktek.
- Tiap pelajaran memiliki metode untuk memilih siapa yang akan menjadi "pemimpin" pasangan itu. Pemimpin adalah orang yang akan mengajar lebih dahulu. Pelatih mengumumkan metode pemilihan pemimpin pasangan kepada kelompok.
- Dengan meniru pelatih, si pemimpin melatih pasangannya. Perioda pelatihan harus mencakup tinjauan ulang dan pelajaran baru, dan diakhiri dengan ayat hafalan. Pembelajar berdiri untuk mengucapkan "Ayat Hafalan" lalu kembali duduk jika selesai, sehingga pelatih bisa melihat pembelajar mana yang sudah selesai.
- Apabila orang pertama di dalam suatu pasangan selesai, orang kedua mengulangi proses itu lagi, sehingga mereka

bisa mempraktekkan pelatihan yang sama. Pastikan bahwa pasangan ini tidak meloncati atau mengambil jalan pintas dalam prosesnya.
- Kelilingi ruangan ketika mereka sedang praktek untuk memastikan mereka meniru Anda dengan tepat. Gagal melakukan isyarat tangan merupakan kelemahan besar yakni mereka tidak meniru Anda. Tegaskan secara berulang bahwa mereka harus meniru gaya Anda.
- Mintalah mereka mencari pasangan baru lalu latih lagi secara bergantian.

PENUTUP

- 20 menit
- Sebagian besar sesi berakhir dengan penerapan praktis kegiatan belajar. Berikan banyak waktu kepada pembelajar untuk mengerjakan tugas Peta Kisah Para Rasul 29, dan semangati mereka untuk mengitari ruangan dan mendapat gagasan dari orang lain yang sedang mengerjakan peta.
- Buat pengumuman seperlunya, lalu mintalah seseorang memohon berkat untuk sesi itu. Mintalah seseorang yang belum pernah berdoa sebelumnya untuk berdoa – pada akhir pelatihan, setiap orang harus menutup sesi dengan doa, paling kurang satu kali.

PRINSIP-PRINSIP

Kami temukan prinsip-prinsip berikut ini ketika mengajar ribuan orang selama sepuluh tahun terakhir. Sesuai pengalaman, prinsip-prinsip ini tidak spesifik secara budaya; kami sudah menyaksikannya berjalan lancar di Asia, Amerika, dan Afrika (entah Eropa bagaimana, kami belum tahu!)

- *Aturan lima* —Pembelajar harus mempraktekkan satu pelajaran sebanyak lima kali sebelum cukup percaya diri untuk melatih orang lain. Mempraktekkan suatu pelajaran berarti entah mendengarkan orang lain mempraktekkan pelajaran atau praktek sendiri. Karena itu, kami sarankan agar prakteknya dilakukan dua kali. Pembelajar hendaknya mempraktekkan satu kali bersama pasangan doanya, lalu beralih ke pasangan lain dan mengulangi pelajaran itu lagi.
- *Lebih Baik Sedikit daripada Banyak* —Kebanyakan pembelajar memiliki tingkat pendidikan yang jauh lebih tinggi daripada tingkat kepatuhannya. Kesalahan yang lazim terjadi di antara para pelatih adalah memberikan jauh lebih banyak informasi daripada yang bisa dilaksanakan oleh pembelajar. Dijejali dalam waktu lama dengan tipe pelatihan seperti itu menyebabkan pembelajar kaya akan pengetahuan teoritis tetapi miskin penerapan praktis. Kami selalu berusaha memberikan, bukannya sebuah "peti" besar, tetapi "ransel" informasi kepada pembelajar sehingga mereka mampu memikul dan menerapkannya.
- *Lain Pembelajar, Lain Cara Belajarnya* —Manusia belajar dengan tiga cara yang berbeda: pendengaran, visual, dan kinestetik (gerak). Agar pelatihan benar-benar bisa-direproduksi, ketiga gaya belajar ini harus diterapkan dalam setiap pelajaran. Namun, kebanyakan pelatihan mengandalkan satu atau dua gaya. Tujuan kita adalah untuk melihat terjadinya perubahan pada seluruh kelompok orang. Sistem pelatihan kita, karena itu, memadukan ketiga model pembelajaran tersebut sehingga tidak ada yang dikecualikan.
- *Pentingnya Proses dan Isi* —Para peneliti telah menemukan banyak keunggulan dalam sistem pendidikan orang dewasa yang memampukan kita mengajar dengan cara yang lebih transformasional daripada informasional. Misalnya, kita tahu bahwa "format ceramah" yang sering digunakan merupakan metodologi yang kurang baik bagi mayoritas

peserta didik. Sayangnya, kebanyakan pelatihan yang dilakukan di luar negeri masih mengikuti pola ini. Kita pusatkan perhatian pada reproduksibilitas (kemampuan reproduksi) dalam sistem Pelatihan Mengikuti Yesus – mengevaluasi pelajaran kita dalam kaitannya dengan kemampuan generasi pembelajar masa depan untuk mereproduksinya.

- *Tinjau Ulang, Tinjau Ulang, Tinjau Ulang* –Istilah lain yang sering digunakan untuk menghafal adalah "belajar dalam hati." Sistem pelatihan kita pada dasarnya menyangkut perubahan hati. Akibatnya, salah satu tujuan kita adalah agar setiap murid menghafal seluruh pelatihan. Bagian "Tinjauan Ulang" pada awal tiap tahap belajar membantu pembelajar untuk hanya melakukan hal ini. Diharapkan agar tinjauan ulang tidak dilewati. Sesuai pengalaman kami, bahkan para petani dengan tingkat pendidikan kelas tiga SD di Asia Tenggara dapat mengulang seluruh isi *Membentuk Murid-Murid Radikal* dengan menggunakan isyarat tangan.
- *Mengembangkan Pelajaran* –Ketika kami melatih orang lain, kami "mengembangkan" pelajaran agar membantu dalam hal ingatan dan kepercayaan diri pembelajar. Misalnya, kami ajukan pertanyaan pertama, membaca ayat alkitab, memberikan jawaban dan menunjukkan isyarat tangan. Lalu, kami membacakan pertanyaan kedua dan mengikuti proses yang sama. Namun, sebelum mulai pertanyaan ketiga, kami meninjau ulang pertanyaan, jawaban, dan isyarat tangan pada pertanyaan satu dan dua. Lalu, kami lanjutkan dengan pertanyaan ketiga. Kita mengikuti pola perulangan yang sama ini sepanjang pelajaran, "mengembangkan" pelajaran dengan tiap pertanyaan baru. Hal ini membantu pembelajar memahami seluruh pelajaran sesuai konteks dan mengingatnya dengan lebih baik.
- *Jadilah Teladan-* Orang melakukan apa yang dicontohkan bagi mereka. Pelatihan adalah soal menghayati materi pelatihan dan bukan semata-mata mengajar informasi

kepada orang lain. Cerita-cerita segar tentang bagaimana Allah sedang berkarya di dalam kehidupan kita menginspirasi mereka yang sedang diajar. Pelatihan bukan suatu pekerjaan melainkan gaya hidup. Gerakan perintisan-gereja, muncul berbanding lurus dengan banyaknya orang beriman dalam suatu kelompok yang menganut sikap ini.

Ibadat Sederhana

Ibadat Sederhana merupakan unsur penting dalam Pelatihan Mengikuti Yesus –salah satu keterampilan kunci dalam pemuridan. Berdasarkan Perintah Teragung, Ibadat Sederhana mengajarkan tentang bagaimana mematuhi perintah untuk mengasihi Allah dengan sepenuh hati, dengan segenap jiwa, dengan segenap akal budi, dan dengan seluruh kekuatan mereka.

Kita mengasihi Allah dengan sepenuh hati, sehingga kita memadahkan pujian bagi Dia. Kita mengasihi Allah dengan segenap jiwa, sehingga kita berdoa kepada-Nya. Kita mengasi Allah dengan segenap akal budi, sehingga kita belajar Kitab Suci. Akhirnya, kita mengasihi Allah dengan seluruh kekuatan kita, sehingga kita mempraktekkan apa yang sudah dipelajari dengan berbagi kepada orang lain.

Tuhan memberkati kelompok-kelompok kecil di seluruh Asia Tenggara yang menyadari bahwa mereka bisa melakukan Ibadat Sederhana di mana pun –di rumah, restoran, tempat parkir, Sekolah Minggu, bahkan di Pagoda!

JADWAL

- Sebuah kelompok-empat orang biasanya butuh waktu sekitar dua puluh menit untuk menyelesaikan Ibadat Sederhana.
- Dalam situasi seminar, kita lakukan Ibadat Sederhana pada awal hari kegiatan dan/atau sesudah makan siang.

- Ketika pertama kali Anda memimpin Ibadat Sederhana, jadikan itu sebagai teladan bagi kelompok; jelaskan tentang cara melakukan tiap-tiap bagian.
- Setelah mencontohkan Ibadat Sederhana, mintalah tiap orang dalam pelatihan untuk memilih seorang pasangan. Biasanya, pembelajar memilih teman. Apabila setiap orang sudah mendapat pasangan, mintalah tiap pasangan untuk bergabung dengan pasangan lain –terbentuk empat orang per kelompok.
- Mintalah kelompok-kelompok ini "menamakan" kelompoknya, dengan memberi waktu beberapa menit; lalu kelilingi ruangan dan tanyakan nama tiap kelompok. Usahakan untuk mengacu pada nama tiap kelompok sepanjang sisa waktu pelatihan.
- Dalam format mingguan, kami suka mengajari orang pertama-tama tentang Ibadat Sederhana. Kami mengadakan kunjungan ulang dan mempraktekkannya selama dua sesi berikut.

Proses

- Bagi peserta ke dalam kelompok-empat orang.
- Peran tiap orang berbeda dalam Ibadat Sederhana.
- Tiap kali Anda mempraktekkan Ibadat Sederhana, pembelajar menggilir peran tertentu dalam Ibadat Sederhana yang mereka pimpin, sehingga pada akhir pelatihan mereka telah melakukan tiap bagian sedikitnya dua kali.

Memuji Tuhan

- Satu orang memimpin kelompok dalam menyanyikan dua lagu koor atau madah pujian (tergantung situasi Anda).

- Alat musik tidak perlu.
- Dalam sesi pelatihan, mintalah pembelajar menyusun kursi seolah sedang duduk bersama di meja kafe.
- Setiap kelompok akan menyanyikan lagu yang berbeda dan bagus.
- Jelaskan kepada kelompok bahwa inilah saatnya memuji Tuhan dengan sepenuh hati sebagai kelompok, bukan untuk menilai kelompok mana yang mampu bernyanyi paling nyaring.

Berdoa

- Seorang *lain* (bukan si pemimpin pujian) memimpin kelompok untuk berdoa.
- Pemimpin doa meminta tiap anggota kelompok agar menuliskan doa-doa permohonan mereka.
- Pemimpin doa bertanggung jawab mendoakan tiap ujud tertulis ini hingga kelompok itu bertemu kembali pada sesi selanjutnya.
- Setelah tiap orang menyampaikan doanya, pemimpin doa mendoakan kelompok.

Belajar

- Seorang *lain* di dalam kelompok-empat orang memimpin sesi belajar kelompok.
- Pemimpin belajar mengisahkan cerita dari Alkitab dalam kata-katanya sendiri; kami sarankan cerita dari Injil, setidaknya pada permulaan pelatihan.
- Bergantung pada kelompok, Anda bisa meminta pemimpin belajar untuk lebih dahulu membacakan kisah Alkitab lalu menceritakannya dalam kata-kata sendiri.

- Setelah pemimpin belajar mengisahkan cerita Alkitab, mereka menanyakan tiga pertanyaan ini kepada kelompok:

    1. Cerita ini mengajarkan apa tentang Allah?
    2. Cerita ini mengajarkan apa tentang manusia?
    3. Belajar dari cerita ini, apa yang akan membantu saya mengikuti Yesus?

- Kelompok membahas tiap pertanyaan bersama-sama, sampai pemimpin belajar menganggap tidak ada yang perlu dibahas lagi; lalu pemimpin belajar melanjutkan ke pertanyaan berikutnya.

Praktek

- Seorang *lain* di dalam kelompok-empat memimpin sesi belajar kelompok.
- Pemimpin praktek membantu kelompok meninjau ulang pelajaran dan memastikan bahwa setiap orang memahami pelajaran dan dapat mengajarkannya kepada orang lain.
- Pemimpin praktek menceritakan kisah yang sama dari Alkitab seperti yang dikisahkan oleh pemimpin belajar.
- Pemimpin kelompok-praktek mengajukan pertanyaan yang sama seperti pertanyaan pemimpin kelompok-belajar dan kembali membahas tiap pertanyaan.

Penutup

- Kelompok Ibadat Sederhana mengakhiri waktu ibadat dengan memadahkan lagu pujian lainnya, atau mengucapkan Doa Tuhan bersama-sama.

Prinsip-prinsip Kunci untuk Diingat

- Kelompok-empat sangat cocok untuk Ibadat Sederhana. Jika Anda harus membuat kelompok-lima, cukup buat satu kelompok saja. Tiga orang per kelompok lebih baik daripada satu kelompok enam orang.
- Salah satu kunci reproduksibilitas dalam Ibadat Sederhana adalah tiap orang secara bergilir mempraktekkan salah satu dari empat bagian ini: *bersyukur, berdoa, belajar,* atau *praktek*. Kelompok-empat mendukung mereka yang sedang mempelajari keterampilan baru dan bukan menjadi sebuah kelompok lebih besar yang mengancam keberadaan mereka.
- Semangati kelompok untuk memuji Tuhan dalam hati. Jika tidak ada penyanyi dalam kelompok (kadang memang begitu), sarankan agar mereka membaca Mazmur bersama-sama dengan suara lantang.
- Pastikan Anda memberikan cukup waktu bagi orang yang sedang praktek untuk membawa kelompoknya hingga selesai sesi praktek. Tanggung jawab dalam waktu praktek menghasilkan reproduksi kelompok Ibadat Sederhana. Tanpa bagian praktek, tahap ini tidak lain hanya menjadi kelompok-belajar Alkitab. Apakah ini yang sungguh Anda inginkan?
- Mungkin bisa Anda lihat, format Ibadat Sederhana merupakan proses yang sama yang dipakai dalam sepuluh sesi PMY: *Memuji Tuhan, Berdoa, Belajar, dan Praktek*. Perbedaan utama hanya terletak pada isi bagian "Belajar". Pada akhir PMY, pembelajar sudah akan mempraktekkan format Ibadat Sederhana berkali-kali. Kita berdoa semoga mereka kelak memimpin kelompok dan melatih orang lain melakukan Ibadat Sederhana bersama-sama.

Bagian 2

PELATIHAN

1

Selamat Datang

Acara *Selamat Datang* membuka sesi pelatihan atau seminar dengan memperkenalkan para pelatih dan peserta latih (pembelajar). Pelatih memperkenalkan pembelajar tentang delapan citra Yesus yakni sebagai: *Prajurit, Pencari, Gembala, Penabur, Anak, Yang Kudus, Pelayan, Bendahari*—disertai dengan isyarat tangan. Karena manusia belajar dengan cara mendengar, melihat, dan mengerjakan, Pelatihan Mengikuti Yesus memadukan tiga gaya belajar ini dalam setiap sesi.

Alkitab mengatakan bahwa Roh Kudus adalah pengajar kita; pembelajar didorong untuk mengandalkan Roh Kudus dalam seluruh tahap pelatihan. Sesi ini berakhir dengan membuka sesi "minum teh" supaya ada suasana santai di antara pelatih dan peserta latih, seperti para murid yang merasa senang bersama Yesus.

MEMUJI TUHAN

- Mintalah seseorang memohon kehadiran dan berkat Tuhan.
- Nyanyikan dua lagu koor atau madah pujian bersama.

Pembukaan

Perkenalan Pelatih

Pelatih dan peserta latih membentuk lingkaran pada pembukaan sesi pelatihan. Jika meja-meja sudah tertata, singkirkan dulu.

- Pelatih mencontohkan cara-cara pembelajar akan memperkenalkan diri.
- Pelatih dan Asisten (Lampiran C menjelaskan peran Asisten) saling memperkenalkan diri. Pelatih dan asisten saling memperkenalkan nama, informasi keluarga, etnis asal (jika perlu), dan bagaimana Tuhan telah memberkati mereka selama bulan itu.

Perkenalan Pembelajar

- Atur supaya para pembelajar berpasang-pasangan.
  Katakan kepada mereka, "Sekarang, kalian akan saling memperkenalkan satu sama lain sebagaimana tadi saya dan asisten saya melakukannya."

- Mereka harus mencari tahu dari pasangan mereka: nama, informasi keluarga, etnis asal, dan bagaimana Tuhan telah memberkati mereka dalam bulan sebelumnya. Akan membantu juga bila mereka menuliskan informasi tersebut dalam buku catatan sehingga kelak tidak lupa.

- Setelah kira-kira lima menit, mintalah pasangan belajar untuk memperkenalkan diri kepada sedikitnya lima pasangan lain sebagaimana Anda mengenalkan pasangan Anda kepada mereka.

Perkenalan dengan Yesus

"Kami sudah memperkenalkan diri kepada kalian, begitu juga kalian kepada kami. Kini, kami akan memperkenalkan Yesus kepada kalian. Ada banyak gambaran tentang Yesus dalam Alkitab, tetapi kami akan memusatkan perhatian pada delapan citra utama."

DELAPAN CITRA YESUS DALAM ALKITAB

- Gambarlah sebuah lingkaran pada papan tulis dan cantumkan gambaran tentang Kristus. Mintalah mereka mengulang secara berurutan beberapa kali –hingga mereka sanggup menyebutkan di luar kepala.

"Yesus adalah Prajurit, Pencari, Gembala, Penabur, Anak, Yang Kudus, Pelayan, dan Bendahari."

    ✋ Prajurit
        Seolah mengacungkan pedang.

    ✋ Pencari
        Tengok ke belakang dan ke depan, tangan di atas mata.

    ✋ Gembala
        Gerakkan tangan ke arah dada seolah sedang mengumpulkan orang.

    ✋ Penabur
        Seolah sedang menabur benih dengan tangan.

    ✋ Anak
        Arahkan tangan ke mulut seolah sedang makan.

    ✋ Yang Kudus
        Katup tangan membentuk pose "sembahyang".

"Yesus adalah *Dia* Yang Kudus; kita semua dipanggil untuk menjadi orang kudus."

✋ **Pelayan**
   Seolah memukulkan palu.

✋ **Bendahari**
   Seolah ambil uang dari saku baju atau dompet.

"Sebuah gambar mewakili ribuan kata, dan gambaran Alkitabiah ini akan memberi wawasan lebih mendalam menuju perjalanan "bersama" Yesus. Sebuah gambar memberikan kita visi terang dan kesanggupan untuk mengetahui kapan dan bagaimana Yesus berkarya.

"Seorang ayah sedang membaca koran dan anaknya terus mengusik, minta ditemani bermain. Setelah beberapa kali disela, si ayah menggunting keluar permainan menyusun kata dari koran. Ia menyuruh anaknya untuk mengambil potongan-potongan itu, menyatukannya, dan kalau benar, ia akan bermain dengannya.

"Sang ayah yakin bahwa anaknya akan butuh banyak waktu sehingga ia punya cukup kesempatan untuk membaca sisa berita koran. Tetapi, si anak mengembalikan jawaban "teka-teki" itu secara lengkap sepuluh menit kemudian. Ketika menanyakan bagaimana bisa selekas itu, anaknya menjawab, "Gampang saja, Pa. Di belakangnya ada gambar, dan ketika saya sambung potongan gambarnya, huruf-huruf di sebelahnya juga ikut tersusun."

"Delapan Citra tentang Yesus ini akan memberikan suatu visi yang terang sebagaimana Anda sedang berjalan bersama Yesus.

"Mengikuti seseorang berarti meniru cara orang itu bekerja. Seorang pekerja magang meniru tuannya dalam berdagang. Pelajar menjadi mirip seperti gurunya. Semua kita meniru seseorang. Kita akan menjadi seperti siapa yang kita tiru. Dalam bagian-bagian pelatihan, kita akan bertanya, mencari jawaban di dalam Alkitab, mencari tahu bagaimana Yesus berjalan, dan berlatih secara praktis tentang cara mengikuti-Nya."

Bagaimana dengan Tiga Cara Belajar?

"Ada tiga cara yang digunakan manusia dalam proses belajar. Setiap orang menggunakan ketiganya, tetapi masing-masing kita cenderung belajar menggunakan salah satu cara yang terbaik. Dalam pelatihan ini, kita akan gunakan tiga cara belajar ini dalam tiap pelajaran, sehingga masing-masing dapat menguasai materi sesuai dengan gaya belajarnya sendiri.

"Ada yang cepat belajar dengan mendengar. Oleh karena itu, kami akan selalu membacakan ayat kitab suci dengan lantang juga bertanya dengan lantang."

> Mendengar
> Pasang tangan Anda di sekitar telinga.

"Ada yang cepat belajar dengan melihat. Oleh karena itu, kami akan menggunakan gambar dan drama untuk melakonkan kebenaran-kebenaran penting."

✋ Melihat
> Tunjuk ke mata Anda.

"Ada yang cepat belajar dengan mengerjakan. Oleh karena itu, kami akan melakukan kegiatan-kegiatan praktis yang akan membantu Anda mengerjakan dan mempraktekkan apa yang sedang dibicarakan."

✋ Mengerjakan
> Buat gerakan menggulung dengan tangan Anda.

"Mendengar, melihat, dan mengerjakan, adalah tiga guru utama yang kita miliki. Alkitab juga mengatakan kepada kita bahwa Roh Kudus adalah guru kita. Selama seminar, saya tekankan agar Anda mengandalkan Roh Kudus dalam mempelajari semua pelajaran karena dialah satu-satunya pengajar terbaik."

Penutup

Kedai Teh Dibuka! ⋈

"Tempat mana yang paling Anda sukai: ruang kelas atau kedai teh (atau warung kopi, atau kantin) bersama teman?"

"Kita belajar banyak hal baik saat di dalam kelas, dan selayaknya kita menghormati guru kita. Namun, sebagian besar yang kita pelajari tentang teman kita, keluarga kita, dan desa kita berlangsung di kedai teh. Hal yang sama juga berlaku ketika Yesus masih di dunia.

> *–Luk 7:31-35 – Lalu Yesus berkata lagi: Dengan apa harus Aku bandingkan orang-orang zaman ini? Seperti apakah mereka? Mereka seperti anak-anak yang duduk di pasar; sekelompok berseru kepada yang lain, 'Kami memainkan lagu gembira untuk kalian, tetapi kalian tidak mau menari! Kami menyanyikan lagu perkabungan, dan kalian tidak menangis!" Yohanes Pembaptis datang —ia berpuasa dan tidak minum anggur— dan kalian berkata, 'Ia kemasukan setan!" Anak Manusia datang —Ia makan dan minum— lalu kalian berkata, 'Lihat orang itu! Rakus, pemabuk! Kawan penagih pajak dan kawan orang berdosa." Meskipun begitu, kebijaksanaan Allah terbukti dari semua orang yang menerimanya." (BIS)*

"Kita lebih santai di kedai teh. Jika Yesus berjalan lagi di dunia saat ini, Dia akan menghabiskan waktu di kedai teh. Dia telah menunjukkan pola ini ketika pertama kali datang. Oleh karena itu, kami mengubah ruang ini dari sebuah pusat pelatihan menjadi sebuah kedai teh."

- Pada titik ini, aturlah supaya pembelajar disuguhi teh, kopi, dan sedikit makanan ringan.

Maksud dari "Kedai Teh Dibuka!" adalah untuk menciptakan suasana pelatihan yang lebih santai dan informal. Dengan kata lain, situasi kelompok yang lebih menyerupai cara Yesus melatih murid-murid-Nya.

2

Berlipat ganda

Berlipat ganda memperkenalkan Yesus sebagai seorang Bendahari: Bendahari ingin supaya ada pemasukan bagus dari penggunaan waktu dan hartanya, dan ingin hidup penuh integritas. Pembelajar memperoleh visi tentang berbuah-limpah dengan mengeksplor 1) Perintah pertama Allah kepada manusia, 2) Perintah terakhir Yesus kepada manusia, 3) Prinsip 222, dan 4) perbedaan antara Laut Galilea dan Laut Mati.

Pelajaran ini berakhir dengan lakon belajar-aktif yang menunjukkan perbedaan "hasil", atau buah, antara *melatih* dan *mengajar* belaka. Pembelajar ditantang untuk melatih orang tentang cara bersyukur, berdoa, belajar firman Allah, dan melayani orang lain. Dengan investasi waktu, harta, dan integritas ini, pembelajar akan mampu mempersembahkan kepada Yesus hadiah terindah ketika berjumpa dengan-Nya di Surga.

Memuji Tuhan

- Mintalah seseorang memohon kehadiran dan berkat Tuhan.
- Nyanyikan dua lagu koor atau madah pujian bersama.

Berdoa

- Upayakan agar pembelajar berpasangan dengan seseorang yang belum pernah menjadi pasangannya.
- Tiap pembelajar berbagi dengan pasangannya jawaban atas pertanyaan berikut ini:

   Bagaimana saya dapat berdoa untuk Anda hari ini?

- Semua pasangan berdoa bersama.

Belajar

Tinjauan Ulang

Tiap sesi tinjauan ulang, formatnya sama. Mintalah pembelajar berdiri dan mengucapkan pelajaran yang sudah dipelajari. Pastikan mereka melakukan isyarat tangan pula.

Apa Artinya Delapan Citra Yang Membantu Kita Mengikuti Yesus?
Prajurit, Pencari, Gembala, Penabur, Anak, Yang Kudus, Pelayan, Bendahari

Hidup Rohani Kita Ibarat Balon ☙

- Ambil sebuah balon, perlihatkan kepada kelompok, dan jelaskan,

    "Hidup rohani kita ibarat balon."

- Setelah meniup balon, terangkan bahwa kita menerima berkat dari Allah. Keluarkan udara dari balon dan katakan,

    "Allah memberi kepada kita, maka kita akan memberi kepada orang lain. Kita diberkati untuk menjadi berkat."

- Ulangi proses ini beberapa kali dengan menunjukkan sifat "masuk dan keluarnya" kehidupan rohani.

    "Kebanyakan kita, bagaimana pun, tidak memberi apa yang diterima, malahan menahan bagi diri sendiri. Mungkin kita menganggap bahwa jika memberi, Allah tidak akan mengisi ulang untuk kita. Mungkin kita merasa terlalu sulit untuk memberi."

- Terus tiup balon, tetapi secara periodik biarkan sedikit udara keluar karena Anda "merasa bersalah." Allah sudah memberi sangat banyak kepada Anda, tetapi tidak Anda berikan sama banyaknya kepada orang lain. Akhirnya, tiup balon itu hingga meletus.

    "Hidup rohani kita seperti ilustrasi ini. Ketika seseorang mengajari kita, kita seharusnya mengajarkannya kepada orang lain juga. Apabila kita menerima berkat, semestinya kita memberkati orang lain pula. Jika tidak kita lakukan, terjadi masalah besar dalam hidup rohani kita! Tidak memberi apa yang sudah kita terima adalah jalan yang pasti menuju kekalahan rohani."

Yesus itu Seperti Apa?

— Mat 6:20-21 — Sebaliknya, kumpulkanlah harta di surga, di mana rayap dan karat tidak merusaknya, dan pencuri tidak datang mencurinya. Karena di mana hartamu, di situ juga hatimu!"

"Yesus adalah seorang Bendahari. Dia berbicara tentang uang, harta, dan tentang prioritas kita lebih daripada topik lainnya. Sebagai Bendahari, Yesus telah menanamkan modal di dalam kita, dan menantikan hasil investasi yang bagus."

Bendahari
 Seolah mengambil uang dari saku baju atau dompet.

Tiga Hal Apa yang Dilakukan Bendahari?

—Mat 25:14-28— Seorang laki-laki hendak berangkat ke tempat yang jauh. Ia memanggil pelayan - pelayannya, lalu mempercayakan hartanya kepada mereka. Yang seorang diberikannya lima talenta, yang seorang lagi dua dan yang seorang lain lagi satu, masing-masing menurut kesanggupannya. Lalu ia berangkat. Segera pergilah hamba yang menerima lima talenta itu. Ia menjalankan uang itu lalu beroleh laba lima talenta. Hamba yang menerima dua talenta itu pun berbuat demikian juga dan berlaba dua talenta. Tetapi hamba yang menerima satu talenta itu pergi dan menggali lubang di dalam tanah lalu menyembunyikan uang tuannya. Lama sesudah itu pulanglah tuan hamba-hamba itu lalu mengadakan perhitungan dengan mereka. Hamba yang menerima lima talenta itu datang, membawa laba lima talenta, dan katanya: Tuan, lima talenta Tuan percayakan

kepadaku. lihat, aku telah beroleh laba lima talenta." Lalu kata tuannya itu kepadanya: Baik sekali perbuatanmu itu, hai hambaku yang baik dan setia! Engkau telah setia dalam hal kecil, aku akan memberikan kepadamu tanggung jawab dalam hal yang besar. Masuklah dan turutlah dalam kebahagiaan tuanmu!" Sesudah itu, datanglah hamba yang menerima dua talenta itu. Katanya, "Tuan, dua talenta Tuan percayakan kepadaku. Lihat, aku telah beroleh laba dua talenta." Lalu kata tuannya itu kepadanya: Baik sekali perbuatanmu itu, hai hambaku yang baik dan setia! Engkau telah setia dalam hal kecil, aku akan memberikan kepadamu tanggung jawab dalam hal yang besar. Masuklah dan turutlah dalam kebahagiaan tuanmu!" Kini datanglah juga hamba yang menerima satu talenta itu dan berkata: Tuan, aku tahu bahwa Tuan Tuan seorang yang keras. Tuan memetik buah di tempat Tuan tidak menanam, dan memungut hasil di tempat Tuan tidak menabur benih. Karena itu, saya takut dan pergi menyembunyikan talenta Tuan itu di dalam tanah. Ini, terimalah kepunyaan Tuan." Tuannya itu menjawab, "Hai kamu, hamba yang jahat dan malas! Jika kamu sudah tahu bahwa aku menuai di tempat aku tidak menabur dan memungut dari tempat aku tidak menanam, seharusnya uangku itu kauberikan kepada bankir, supaya pada waktu aku kembali, aku menerimanya serta dengan bunganya. Sebab itu, ambillah talenta itu dari dia dan berikanlah kepada orang yang mempunyai sepuluh talenta itu." (TB)

1. Bendahari menginvestasikan hartanya dengan bijak.

   "Yesus bercerita tentang tiga orang hamba yang diberi tanggung jawab untuk menginvestasikan uang tuannya. Dua di antaranya memutar uang tuannya dengan bijak."

2. Bendahari menginvestasikan waktu dengan bijak.

   "Yesus pertama-tama ingin agar kita mendahulukan Kerajaan-Nya dalam agenda kita."

3. Bendahari hidup dengan integritas tinggi.

   "Karena Yesus melihat integritas dan kejujuran kita dalam hal-hal kecil, Dia mempercayakan kita hal-hal besar."

"Yesus seorang Bendahari, dan Ia tinggal di dalam kita. Jikalau kita mengikuti-Nya, kita akan menjadi Bendahari pula. Kita akan menginvestasikan harta dan waktu kita dengan bijak, dan hidup penuh integritas."

Apa Perintah Pertama Allah kepada Manusia?

–Kej 1:28– Kemudian diberkati-Nya mereka dengan ucapan "Beranak-cuculah yang banyak, supaya keturunanmu mendiami seluruh muka bumi serta menguasainya. Kamu Kutugaskan mengurus ikan-ikan, burung-burung, dan semua binatang lain yang liar. (TB)

"Allah berfirman agar manusia bertambah banyak dan memiliki anak-anak jasmani."

Apa Perintah Terakhir Yesus bagi Manusia?

> *— Mrk 16:15– Ia berkata kepada mereka, "Pergilah ke seluruh dunia, beritakanlah Injil kepada segala makhluk.*

"Yesus berfirman agar murid-murid-Nya bertambah banyak dan memiliki anak-anak rohani."

Bagaimana Agar Saya Bisa Berbuah dan Berlipat Ganda?

> *Apa yang telah engkau dengar dariku di depan banyak saksi, percayakanlah itu kepada orang-orang yang dapat dipercayai, yang juga pandai mengajar orang lain. (TB)*

"Apabila kita melatih orang lain, sebagaimana kita dilatih, Allah akan melipatgandakan hidup kita. Kita menyebutnya sebagai 'Prinsip 222.' Yesus menampakkan diri-Nya kepada Paulus. Paulus melatih Timotius. Timotius melatih orang-orang yang setia yang juga melatih orang lain. Dan sepanjang sejarah, pelipatgandaan terus berlanjut… hingga suatu hari seeorang berbagi dengan Anda tentang Yesus!"

Laut Galilea/Laut Mati ೞ

- Lukis gambar pada halaman berikut, tahap demi tahap, sambil mengajarkan tentang tiap bagian ilustrasi itu. Gambar Anda berupa gambar lengkap.

  "Ada dua laut di negeri Israel. Tahukah Anda namanya?"

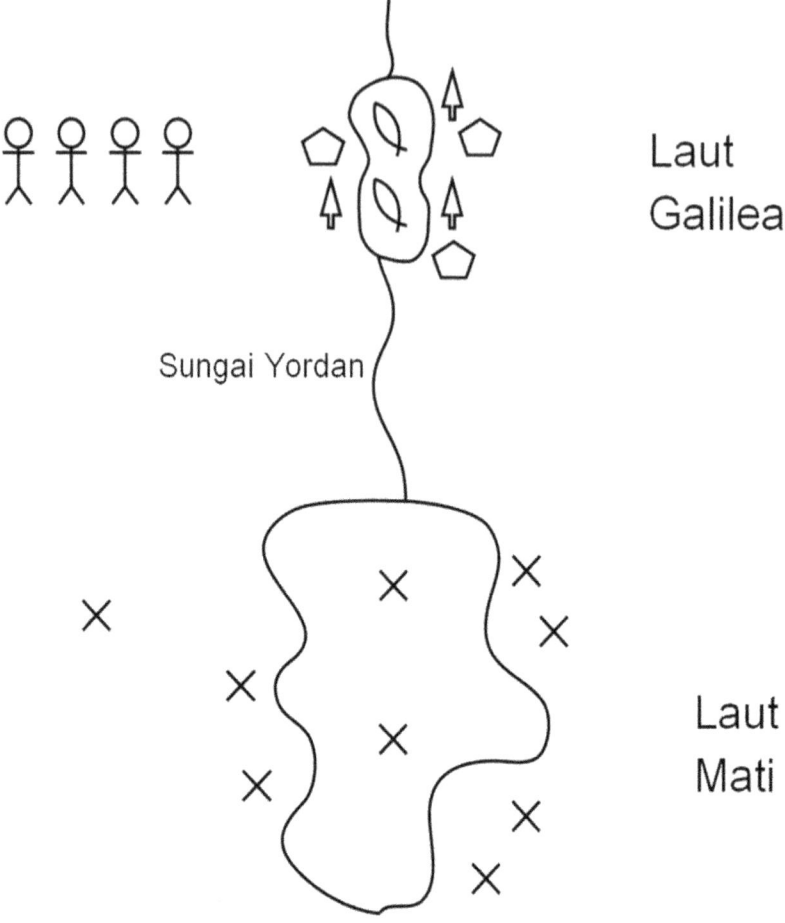

(LAUT GALILEA DAN LAUT MATI)

- Gambar dua lingkaran, yang kecil di bagian atas. Hubungkan keduanya dengan sebuah garis. Tarik garis dari arah atas, dari bagian atas lingkaran kecil. Beri label untuk kedua laut ini.

"Sebuah sungai menghubungkan Laut Galilea dan Laut Mati. Tahukah Anda nama sungai ini?"

(SUNGAI YORDAN)

- Beri label untuk sungai ini.

  "Laut Galilea dan Laut Mati sangat berbeda. Di Di Laut Galilea ada banyak ikan."

- Gambar ikan di Laut Galilea.

  "Laut Mati tidak ada ikan."

- Gambar tanda silang (X) di Laut Mati.

  "Ada banyak pohon tumbuh dekat Laut Galilea."

- Gambar pepohonan di Laut Galilea.

  "Tidak ada pohon di dekat Laut Mati."

- Gambar tanda silang (X) di Laut Mati.

  Ada banyak kampung di tepi Laut Galilea."

- Gambar perumahan di Laut Galilea.

  "Tidak ada kampung di Laut Mati."

- Gambar tanda silang (X) di Laut Mati.

  "Empat orang terkenal tinggal di tepi Laut Galilea. Tahukah Anda nama mereka?"

(PETRUS, ANDREAS, YAKOBUS, DAN YOHANES)

- Gambarkan empat tongkat di samping Laut Galilea.

"Tidak ada orang terkenal di tepi Laut Mati."

- Gambar tanda silang (X) di Laut Mati.

"Mengapa menurut Anda Laut Mati itu 'mati' sedangkan Laut Galilea 'hidup'?"

Karena ada aliran air yang masuk dan keluar dari Laut Galilea, sedangkan di Laut Mati, hanya ada aliran masuk.

"Ini adalah gambar kehidupan rohani kita. Apabila kita menerima berkat, hendaknya kita memberi berkat. Apabila kita diajar, semestinya kita mengajar orang lain pula. Maka, kita seperti Laut Galilea. Kalau disimpan untuk diri sendiri, kita seperti Laut Mati.

"Mana yang lebih mudah —menjadi seperti Laut Mati atau Laut Galilea? Kebanyakan orang seperti Laut Mati karena lebih suka menerima daripada memberi. Namun, seperti Laut Galilea, begitulah mereka yang mengikuti Yesus. Yesus memberi kepada orang lain apa yang sudah diterima-Nya dari Bapa-Nya. Ketika kita melatih orang lain, kita meneladani Yesus.

"Anda ingin menjadi seperti laut yang mana? Saya mau seperti Laut Galilea."

Ayat Hafalan

> *—Yoh 15:8– Dalam hal inilah Bapa-Ku dimuliakan, yaitu jika kamu berbuah banyak dan dengan demikian kamu adalah murid-murid-Ku."*

- Setiap orang berdiri dan mengucapkan ayat hafalan ini sepuluh kali bersama-sama. Enam kali pertama, pembelajar membaca dari Alkitab atau catatan. Empat kali terakhir, mereka mengucapkannya di luar kepala. Pembelajar harus menyebut ayat rujukan sebelum tiap kali mengutip isi ayat, dan kembali duduk setelah selesai.
- Dengan mengikuti rutinitas ini Pelatih bisa terbantu dalam mengetahui tim mana yang menyelesaikan pelajaran pada bagian "Praktek."

PRAKTEK

- Mintalah pembelajar duduk menghadap pasangan doa mereka dalam sesi ini. Tiap pasangan secara bergiliran saling mengajar.

  "Murid *termuda* dari tiap pasangan akan menjadi pemimpin."

- Ini berarti mereka akan melatih lebih dahulu.
- Ikuti *Proses Pelatihan Pelatih* pada halaman 21.
- Tekankan bahwa Anda ingin agar mereka mengajarkan segalanya dalam bagian *Belajar* dengan cara yang tepat sama seperti Anda.

  "Ajukan pertanyaan, baca ayat kitab suci bersama, dan jawab pertanyaan sebagaimana saya lakukan untuk Anda.

Lukiskan ilustrasi Laut Galilea/Laut Mati dan kutip ayat hafalan seperti telah saya lakukan untuk Anda.

Kalian harus menggunakan kertas bersih setiap kali melukis Laut Galilea/Laut Mati."

- Setelah saling mengajar, mintalah pembelajar untuk bertukar pasangan dan secara bergiliran mengajar lagi. Bila selesai, mintalah pembelajar untuk mengingat seseorang yang akan mereka bagikan pelajaran ini setelah pelatihan. Mintalah mereka menuliskan nama orang itu pada bagian atas halaman pertama pelajaran.

Penutup

Persembahan kepada Yesus ଓଃ

- Mintalah seorang sukarelawan (selanjutnya disingkat: sukwan) membantu memerankan lakon singkat.
- Tempatkan sukwan di satu sisi ruang dan Anda di sisi lain.
- "Saya ingin setiap orang membayangkan bahwa kami (sukwan dan saya) mempunyai kematangan rohani yang sama.
- Kami berdua:"

    ✋ **Memuji Tuhan**
    Angkat tangan memuji Tuhan.

    ✋ **Berdoa**
    Katup tangan dalam pose sembahyang.

✋ Belajar Alkitab
> Hadapkan kedua telapak tangan seolah sedang membaca buku.

✋ Beritakan tentang Yesus kepada orang lain
> Gerakkan tangan seolah sedang menabur benih.

- Tekankan bahwa kalian sama secara rohani, kecuali dalam satu hal.
- "Satu-satunya perbedaan antara kami adalah bahwa dia melatih orang yang dimenangkan bagi Kristus untuk melatih orang lain. Saya hanya mengajar orang yang saya pimpin menuju Kristus. Saya tidak melatih mereka untuk melatih orang lain.

"Sekarang, saya ingin menunjukkan perbedaan yang dihasilkan dari pelatihan."

- Jelaskan bahwa tiap tahun baik Anda dan sukwan memenangkan satu orang bagi Kristus.
- Anda maupun sukwan pergi ke peserta, masing-masing menjemput satu orang, bawa ke tempat Anda lalu berdiri bersama.

"Anda bisa lihat, setelah satu tahun, tidak ada perbedaan. Saya punya satu orang di sini, dan dia punya satu orang di sana."

- Meski demikian, hanya si sukwan yang melatih orang yang dihantarnya kepada Kristus. Lakukan isyarat tangan yang sama; kali ini, tiap pasangan mempraktekkan isyarat tangan bersama-sama. Anda melakukan isyarat tangan sendiri.

"Mari kita lihat apa yang terjadi dalam tahun kedua. Baik dia maupun saya memenangkan lagi seseorang untuk Kristus. Satu-satunya perbedaan yakni ia melatih orangnya untuk melakukan hal yang sama. Jadi tahun ini, saya akan mendapat satu orang, tetapi mereka berdua dalam kelompok lain akan memperoleh satu orang."

- Anda dan sukwan pergi ke peserta untuk memilih murid-murid berikutnya. Lalu, murid si pelatih juga mendapat seorang murid.

"Anda bisa lihat, setelah dua tahun masih ada sedikit perbedaan: Saya punya dua, dia punya tiga orang."

- Lagi, si *sukwan dan tiga orang* yang bersamanya mempraktekkan isyarat tangan, tetapi hanya *Anda sendiri* di dalam kelompok Anda yang melakukan isyarat tangan.
- Ulangi proses ini selama beberapa "tahun" sampai semua orang dalam pelatihan sudah dipilih. Tiap kali Anda bertindak sendiri dan mengatakan kepada pengikut baru, mereka *harus* bersyukur, berdoa, belajar firman Allah, dan berbagi Kabar Baik, tetapi *jangan latih* mereka untuk melakukannya.
- Pada titik tertentu, Anda tidak akan memiliki cukup orang lagi. Jika demikian, katakan bahwa jika mereka tidak bisa mendapat murid lain, angkat ke dua tangan untuk menunjukkan bahwa mereka hanya dua orang sekarang.
- Pada tahun kelima, pembelajar akan terkesan oleh banyaknya orang yang sudah dilatih oleh sukwan ketimbang yang diajari oleh Anda. Tekankan secara terus-menerus bahwa Anda sungguh mengasihi murid-murid Anda dan ingin agar mereka kuat, sehingga Anda *mengajari* mereka banyak hal, tetapi tidak pernah *melatih* mereka untuk melatih orang lain.

"Apabila sampai di Surga, hadiah seperti apa yang ingin Anda persembahkan kepada Yesus atas kematian-Nya di salib bagi Anda? —Apakah hanya sedikit orang seperti yang sudah saya peroleh, atau banyak murid seperti yang dihasilkan sukwan?"

- Tunjuk ke sukwan yang berada di sisi lain. .

"Allah telah memerintahkan kita untuk berbuah dan berlipat ganda. Saya ingin menjadi seperti Yesus, melatih orang lain yang melatih orang lain lagi. Saya ingin menghadiahi Yesus dengan banyak orang yang telah saya latih dan yang kemudian melatih orang lain. Saya ingin menjadi bendahari harta dan waktu saya, dan ingin hidup penuh integritas."

- Mintalah kelompok Anda bergabung dengan kelompok lain dan saling melatih satu sama lain sehingga setiap orang bisa menjadi pemenang.
- Mintalah si sukwan pemeran lakon "Persembahan untuk Yesus" untuk menutup sesi ini dengan doa.

# 3

Mengasihi

Mengasihi memperkenalkan Yesus sebagai Gembala: menggembala, menuntun, melindungi, dan memberi makan dombanya. Kita "memberi makan" orang apabila kita mengajari mereka Firman Allah, tetapi hal pertama apa yang seharusnya kita ajarkan tentang Allah? Pembelajar mencari tahu apa perintah yang paling utama, mengidentifikasi siapa yang merupakan sumber kasih, dan menemukan bagaimana caranya menyembah Allah berdasarkan perintah yang paling utama.

Pembelajar mempraktekkan cara memimpin sebuah kelompok-kecil murid dengan empat unsur utama: *memuji Tuhan* (mengasihi Allah dengan sepenuh hati), *berdoa* (mengasihi Allah dengan segenap jiwa), *belajar Alkitab* (mengasihi Allah dengan segenap akal budi), dan *mempraktekkan* suatu keterampilan (sehingga dapat mengasihi Allah dengan seluruh kekuatan kita). Sebuah lakon akhir, "Domba dan Harimau" menunjukkan perlunya adanya banyak kelompok murid di tengah kaum beriman.

Memuji Tuhan

- Mintalah seseorang memohon kehadiran dan berkat Tuhan.
- Nyanyikan dua lagu koor atau madah pujian bersama.

Berdoa

- Tempatkan pembelajar secara berpasangan dengan seseorang yang belum pernah menjadi pasangannya.
- Tiap pembelajar berbagi dengan pasangannya jawaban atas pertanyaan berikut ini:

    1. Bagaimana kita dapat mendoakan orang-orang yang hilang yang Anda tahu akan diselamatkan?
    2. Bagaimana kita dapat berdoa bagi kelompok yang sedang Anda latih?

- Jika seorang pasangan belum mulai melatih seorang pun, berdoalah bagi orang-orang potensial di dalam lingkungan pengaruhnya yang bisa mulai melatih.
- Semua pasangan berdoa bersama.

Belajar

Tinjauan Ulang

Tiap sesi tinjauan ulang, formatnya sama. Mintalah pembelajar berdiri dan mengucapkan pelajaran yang sudah dipelajari. Pastikan mereka melakukan isyarat tangan pula.

Apa Artinya Delapan Citra Yang Membantu Kita Mengikuti Yesus?

Prajurit, Pencari, Gembala, Penabur, Anak, Yang Kudus, Pelayan, Bendahari

Berlipat ganda

Tiga hal apa yang dilakukan bendahari?
Apa perintah pertama Allah kepada manusia?
Apa perintah terakhir Yesus kepada manusia?
Bagaimana caranya agar saya bisa berbuah dan berlipat ganda?
Apa nama kedua lautan yang ada di Israel?
Mengapa keduanya sangat berbeda?
Anda ingin menjadi seperti laut yang mana?

Yesus itu Seperti Apa?

— Mrk 6:34— Ketika Yesus turun dari perahu, Ia melihat orang banyak. Ia kasihan kepada mereka, sebab mereka seperti domba yang tidak punya gembala. Maka Ia pun mulai mengajarkan banyak hal kepada mereka. (TB)

"Yesus adalah Gembala Yang Baik. Ia sangat mengasihi orang banyak itu, mengerti persoalan mereka, dan mulai mengajari mereka jalan-jalan Allah. Ia tinggal di dalam kita dan melakukan hal yang sama sepanjang hidup kita."

✋ Gembala

    Gerakkan tangan ke arah dada seolah sedang mengumpulkan orang.

Tiga Hal Apa yang Dilakukan Gembala?

—Mazmur 23:1-7— TUHAN bagaikan seorang gembala bagiku, aku tidak kekurangan. Ia membaringkan aku di padang rumput yang hijau. Ia membimbing aku menuju air yang tenang. Ia memberi aku kekuatan baru, dan menuntun aku di jalan yang benar, sesuai dengan janji-Nya. Meskipun aku melalui lembah yang gelap, aku tidak takut bahaya, sebab Engkau menemani aku. Engkau melindungi aku seperti seorang gembala melindungi dombanya dengan tongkat dan gada. Engkau menyiapkan pesta bagiku di depan mata lawanku. Engkau menyambut aku sebagai tamu terhormat. Engkau menyuguhi aku minuman lezat berlimpah-limpah. Aku tahu Engkau baik kepadaku, dan selalu mengasihi aku. Maka aku boleh diam di Rumah-Mu, selama hidupku. (TB)

1. Gembala menuntun dombanya di jalan yang benar.
2. Gembala melindungi domba-dombanya.
3. Gembala memberi makan domba-dombanya.

"Yesus adalah Gembala, dan karena mengikuti Dia, kita akan menjadi gembala pula. Kita akan menuntun orang kepada Yesus, melindungi mereka dari bahaya, dan memberi mereka makan dari Sabda Allah.

Perintah Apa yang Paling Penting untuk Diajarkan kepada Orang lain?

—Mrk 12:28-31— Lalu datanglah seorang guru agama mendengarkan percakapan antara Yesus dengan orang-orang dari golongan Saduki itu. Guru agama itu melihat bahwa Yesus sudah menjawab orang-orang itu dengan baik. Maka ia bertanya kepada Yesus, "Perintah manakah yang paling penting dari semua perintah?" Yesus menjawab, "Perintah

yang pertama, ialah: 'Dengarlah, hai bangsa Israel! Tuhan Allah kita, Tuhan itu esa. Cintailah Tuhan Allahmu dengan sepenuh hatimu, dengan segenap jiwamu, dengan seluruh akalmu dan dengan segala kekuatanmu.' Perintah kedua ialah: 'Cintailah sesamamu, seperti engkau mencintai dirimu sendiri.' Tidak ada lagi perintah lain yang lebih penting dari kedua perintah itu."

MENGASIHI ALLAH

🖐 Arahkan tangan ke atas ke arah Allah.

MENGASIHI SESAMA

🖐 Bentangkan tangan ke arah luar ke arah sesama.

Dari Mana Datangnya Kasih?

—1Yoh 4:7, 8– Saudara-saudaraku yang terkasih, marilah kita saling mengasihi, sebab kasih itu berasal dari Allah; dan setiap orang yang mengasihi, lahir dari Allah dan mengenal Allah. Siapa yang tidak mengasihi, ia tidak mengenal Allah, sebab Allah adalah kasih. (TB)

KASIH DATANG DARI ALLAH

"Karena itu...kita menerima kasih dari Allah, dan kita membalas dengan kasih kepada-Nya."

🖐 Tadahkan ke atas seolah sedang menerima kasih lalu memberikan kembali kasih itu kepada Allah.

"Karena itu...kita menerima kasih dari Allah, dan kita membalas dengan kasih kepada-Nya."

✋ Tadahkan ke atas seolah sedang menerima kasih, lalu bentangkan tanganmu keluar seolah ingin memberikannya kepada orang lain.

Apa artinya Ibadat Sederhana?

✋ Memuji Tuhan
Angkat tangan memuji Tuhan.

✋ Berdoa
Katup tangan dalam pose "sembahyang".

✋ Belajar
Hadapkan telapak tangan seolah sedang membaca buku.

✋ Praktek
Ayunkan tangan ke belakang dan ke depan seolah sedang menabur benih.

Mengapa Kita Harus Beribadat Sederhana?

– Mrk 12:30– Cintailah Tuhan Allahmu dengan sepenuh hatimu, dengan segenap jiwamu, dengan seluruh akalmu dan dengan segala kekuatanmu.'

Kita...	Maka Kita...	Isyarat tangan
Mengasihi Allah dengan sepenuh hati	Memuji Tuhan	✋ Letakkan tangan di dada lalu angkat tangan ke atas memuji Tuhan.
Mengasihi Allah dengan segenap jiwa	Berdoa	✋ Kepalkan tangan ke samping lalu bentuk pose "tangan berdoa".
Mengasihi Allah dengan segenap akal budi	Belajar	✋ Taruh tangan di samping kepala seolah sedang berpikir, lalu buka telapak seolah sedang membaca buku.
Mengasihi Allah dengan seluruh kekuatan	Berbagi Segala Hal Yang Sudah Kita Pelajari (Praktek)	✋ Arahkan lengan ke atas, lemaskan otot, lalu lebarkan tangan keluar seolah menebar benih.

- Tinjau ulang garis besar Ibadat Sederhana bersama pembelajar. Tiap bagian Ibadat Sederhana melatih kita untuk melakukan perintah Yesus yang terutama, yang dijumpai dalam Markus 12:30.
- Pelajaran ini menjelaskan maksud Ibadat Sederhana. Latihlah isyarat tangan bersama pembelajar beberapa kali.

"Kita mengasihi Allah dengan sepenuh hati, maka kita memuji Dia; kita mengasihi Allah dengan segenap jiwa, maka kita berdoa; kita mengasihi Allah dengan segenap akal budi, maka kita belajar; kita mengasihi Allah dengan seluruh kekuatan, maka kita praktekkan."

Perlu Berapa Orang Untuk Ibadat Sederhana?

– Mat 18:20– Sebab di mana dua atau tiga orang berkumpul dalam nama-Ku, di situ Aku ada di tengah-tengah mereka.

"Yesus berjanji bahwa bilamana dua atau tiga orang beriman berkumpul, Ia hadir di tengah-tengah mereka."

Ayat Hafalan

–Yoh 13:34, 35– Oleh sebab itu, sekarang Kuberikan hukum baru kepada kalian: Kasihilah satu sama lain. Sama seperti Aku mengasihi kalian, begitu juga kalian harus saling mengasihi. Kalau kalian saling mengasihi, semua orang akan tahu bahwa kalian pengikut-pengikut-Ku. (TB)

- Setiap orang berdiri dan mengucapkan ayat hafalan ini sepuluh kali bersama-sama. Enam kali pertama, pembelajar

membaca dari Alkitab atau catatan. Empat kali terakhir, mereka mengucapkannya di luar kepala. Pembelajar harus menyebut ayat rujukan sebelum tiap kali mengutip isi ayat, dan kembali duduk setelah selesai.
- Ini akan membantu pelatih mengetahui siapa yang menyelesaikan pelajaran dalam bagian "Praktek."

Praktek

- Mintalah pembelajar duduk menghadap pasangan doa mereka dalam sesi ini. Tiap pasangan secara bergiliran saling mengajar.

"Murid *termuda* dari tiap pasangan akan menjadi pemimpin."

- Ikuti Proses Pelatihan Pelatih pada halaman 21.
- Tekankan bahwa Anda ingin agar mereka mengajarkan segalanya dalam bagian *Belajar* dengan cara yang tepat sama seperti Anda.

"Ajukan pertanyaan, baca ayat kitab suci bersama, dan jawab pertanyaan sebagaimana saya lakukan untuk Anda.

- Setelah pembelajar melakukan praktek melatih satu sama lain, mintalah mereka mencari pasangan baru lalu praktek lagi. Mintalah pembelajar untuk mengingat seseorang yang akan mereka bagikan pelajaran ini di luar pelatihan.

"Pikirkan sejenak kepada siapa pelajaran ini bisa diajarkan di luar pelatihan ini. Tulis nama orang itu pada bagian atas halaman pertama pelajaran ini."

Penutup

Ibadat Sederhana

- Bagi peserta ke dalam kelompok-empat orang. Berikan waktu satu menit kepada tiap kelompok-empat untuk menamai kelompok mereka.
- Kelilingi ruangan dan tanyakan nama kelompok mereka.
- Tinjau ulang tahap-tahap dalam Ibadat Sederhana bersama pembelajar, katakan bahwa mereka akan mempraktekkan Ibadat Sederhana bersama-sama.
- Tiap orang dalam kelompok Ibadat Sederhana hendaknya memimpin salah satu bagian tertentu pada sesi ibadat. Misalnya, satu orang memimpin saat memuji Tuhan, yang lain saat doa, lainnya saat belajar, yang lain saat praktek.
- Ingatkan kelompok agar memimpin ibadah dengan suara lembut karena di dekat mereka ada juga kelompok lain. Ingatkan pembelajar supaya tidak "mengajar" melainkan "menceritakan" kisah Alkitab. Mintalah pemimpin belajar untuk menceritakan Kasih Allah kepada kelompoknya. Sarankan kisah tentang anak yang hilang, jika pembelajar ingin berbagi kisah dari Alkitab. Lalu pemimpin belajar akan menanyakan tiga pertanyaan ini:

    1. Cerita ini mengajarkan apa tentang Allah?
    2. Cerita ini mengajarkan apa tentang manusia?
    3. Bagaimana cerita ini akan membantu saya mengikuti Yesus?

- Pemimpin praktek menceritakan ulang kisah Alkitab yang dikisahkan pemimpin belajar tadi, lalu mengajukan pertanyaan yang juga sama, dan kelompok membahas ulang tiap pertanyaan itu.

Mengapa Penting bagi Anda untuk Merintis sebuah Kelompok Murid?

DOMBA DAN HARIMAU ☙

- Jelaskan bahwa ruang ini ibarat padang gembalaan domba. Mintalah satu sukwan untuk mengawasi (menggembala) domba, dan tiga sukwan untuk berperan sebagai harimau. Yang lainnya sebagai domba.

  "Tujuan lakon ini adalah supaya harimau melukai domba sebanyak mungkin. Jika gembala menyentuh harimau, harimau itu harus merebah lalu 'mati.' Jika harimau menyentuh domba, domba itu harus merebah dan "terluka". Si penjaga bisa terluka jika dua harimau menyentuhnya secara bersamaan. Setelah tiap peserta 'terluka' atau 'mati', peserta itu keluar dari permainan hingga selesai."

- Mintalah kelompok agar menyingkirkan buku, pensil, dan barang-barang lain yang dapat membahayakan dari lantai sebelum mulai bermain.

  "Beberapa di antara kalian mungkin menjerit ketika bermain, dan itu oke-oke saja.

- Hitung hingga tiga lalu katakan "Mulai!" Biarkan permainan terus berlangsung hingga semua harimau mati atau semua domba terluka. Sebagian besar, (jika tidak semua) domba akan terluka. Penjaga pun bisa terluka.
- Katakan kepada kelompok bahwa kalian akan mengulangi permainan ini lagi. Namun kali ini, pilihlah lima penjaga tambahan dan pertahankan tiga harimau yang sama tadi. Yang lainnya sebagai domba. Ajaklah domba-domba untuk berkerumun dekat penjaga dalam kelompok kecil agar

mendapat perlindungan. Hitung hingga tiga lalu katakan "Mulai!"
- Biarkan permainan ini terus berlangsung hingga semua harimau mati atau semua domba terluka. Semua harimau harusnya mati sedikit lebih cepat. Beberapa domba mungkin terluka.

"Ini merupakan gambaran tentang alasan mengapa kita butuh banyak kelompok dan gereja/jemaat baru. Sandiwara pertama mirip seperti *seorang* gembala yang mencoba melindungi seluruh jemaatnya dan ingin agar bertumbuh menjadi kian besar. Dalam situasi ini, mudah bagi setan untuk datang dan melukai anggota jemaat. Dalam lakon kedua, *beberapa* pemimpin rohani mampu melindungi kelompok kecil mereka. Oleh sebab itu, setan dan sekutunya (harimau) tidak bisa melukai domba dengan mudah.

"Yesus adalah Gembala Yang Baik. Ia menyerahkan nyawa-Nya bagi domba-domba-Nya. Kita, sebagai gembala dalam pengertian rohani, semestinya mau menyerahkan 'nyawa' kita —waktu kita, doa kita, fokus kita —bagi mereka yang adalah domba-domba kita; bagi mereka yang sedang menanti kita untuk belajar tentang Yesus. Kita hanya bisa hadir di sana di depan begitu banyak orang pada satu waktu, iya kan? Hanya Yesus yang maha hadir. Ini merupakan alasan lain bahwa kita harus mengajar orang lain untuk mengajar orang lain lagi, sehingga akan ada lebih banyak orang untuk saling memikul beban satu-sama lain dan dengan demikian memenuhi Hukum Kristus."

4

Berdoa

Berdoa menghantar pembelajar mengenal Yesus sebagai Yang Kudus. Dia hidup dalam kekudusan dan mati bagi kita di Salib. Allah memerintahkan kita untuk menjadi kudus karena kita mengikuti Yesus. Orang kudus menyembah Allah, hidup dalam kekudusan, dan mendoakan orang lain. Dengan meneladani Yesus dalam doa, kita memuji Allah, memohon ampunan atas dosa kita, memohon pada Allah segala hal yang kita butuhkan, dan tidak menolak apa yang diminta-Nya dari kita untuk kita kerjakan.

Allah menjawab doa-doa kita dalam salah satu dari empat cara: *tidak* (jika kita meminta dengan niat yang salah), *lambat* (jika saatnya tidak tepat), *bertumbuh* (jika kita perlu berkembang menjadi lebih matang sebelum Ia memberi jawaban), atau *ya, pergilah!* (jika kita berdoa sesuai dengan Firman dan Kehendak-Nya). Pembelajar menghafal nomor telepon Allah, 3-3-3, berdasarkan Yeremia 33:3 dan didorong untuk "menelpon" Allah setiap hari.

Memuji Tuhan

- Mintalah seseorang memohon kehadiran dan berkat Tuhan.
- Nyanyikan dua lagu koor atau madah pujian bersama.

Berdoa

- Upayakan agar pembelajar berpasangan dengan seseorang yang belum pernah menjadi pasangannya.
- Tiap pembelajar berbagi dengan pasangannya jawaban atas pertanyaan berikut ini:

    1. Bagaimana kita dapat mendoakan orang-orang yang hilang yang Anda tahu akan diselamatkan?
    2. Bagaimana kita dapat berdoa bagi kelompok yang sedang Anda latih?

- Jika seorang pasangan belum mulai melatih seorang pun, berdoalah bagi orang-orang potensial di dalam lingkungan pengaruhnya yang bisa mulai melatih.
- Semua pasangan berdoa bersama.

Belajar

Permainan Telepon ca

"Pernahkah kalian melakonkan permainan telepon?"

- Jelaskan bahwa Anda akan membisikkan beberapa kata kepada orang di samping Anda, lalu ia akan meneruskan kepada orang berikutnya. Tiap orang membisikkan kepada orang di sampingnya kata-kata yang diterimanya hingga ujung lingkaran.

- Orang terakhir akan menyebut ulang frase yang didengarnya. Anda akan menyebutkan frase asli Anda, dan setiap orang dapat membandingkan sejauh mana kemiripan frase itu. Pilih frase yang agak lucu dan terdiri atas beberapa kata. Lakonkan permainan ini dua kali.

"Kita sering mendengar banyak hal tentang Allah, tetapi tidak selalu berbicara langsung kepada-Nya. Dalam permainan kita, seandainya Anda bertanya kepada saya apa yang saya katakan, maka tidak akan sulit bagi Anda untuk mengerti. Apabila Anda mendengar frase itu setelah melalui beberapa orang, mudah sekali terjadi kesalahan. Doa sangat penting dalam kehidupan spiritual kita karena kita menyampaikan secara langsung kepada Allah."

Tinjauan Ulang

Tiap sesi tinjauan ulang, formatnya sama. Mintalah pembelajar berdiri dan mengucapkan pelajaran yang sudah dipelajari. Pastikan mereka melakukan isyarat tangan pula.

Apa Artinya Delapan Citra Yang Membantu Kita Mengikuti Yesus?
Prajurit, Pencari, Gembala, Penabur, Anak, Yang Kudus, Pelayan, Bendahari

Berlipat ganda
Tiga Hal Apa yang Dilakukan Bendahari?
Apa perintah pertama Allah kepada manusia?
Apa perintah terakhir Yesus kepada manusia?
Bagaimana caranya agar saya bisa berbuah dan berlipat ganda?
Apa nama kedua lautan yang ada di Israel?
Mengapa keduanya sangat berbeda?
Anda ingin menjadi seperti laut yang mana?

Mengasihi
Tiga hal apa yang dilakukan gembala?
Perintah apa yang paling penting untuk diajarkan kepada orang lain?
Dari mana datangnya kasih?
Apa artinya Ibadat Sederhana?
Mengapa kita harus Beribadat Sederhana?
Perlu berapa orang untuk Ibadat Sederhana?

Yesus itu Seperti Apa?

–Luk 4:33-35– Di dalam rumah ibadat itu ada seorang yang kerasukan setan. Ia berteriak dengan suara keras,"Hai Engkau, Yesus orang Nazaret, apa urusan-Mu dengan kami? Apakah Engkau datang untuk membinasakan kami? Aku tahu siapa Engkau: Yang Kudus dari Allah!" "Diam!" Yesus membentak dengan keras. "Keluarlah dari dia!" Setan itu pun menghempaskan orang itu ke tengah-tengah orang banyak, lalu keluar dari dia dan sama sekali tidak menyakitinya.

"Yesus adalah Yang Kudus dari Allah. Dia-lah satu-satunya yang kita sembah. Ia pun menjadi perantara kita di hadapan tahta Allah. Ia memanggil kita untuk menjadi perantara bagi orang lain dan hidup dalam kekudusan yang dipersatukan dengan-Nya. Yesus adalah Yang Kudus. Kita dipanggil untuk menjadi orang-orang kudus."

Orang Kudus
Katup tangan dalam pose "sembahyang".

Tiga Hal Apa yang Dilakukan Orang Kudus?

–Mat 21:12-16– Yesus masuk ke Bait Allah dan mengusir semua orang yang berjual beli di halaman Bait Allah. Ia

membalikkan meja-meja penukar uang dan bangku-bangku pedagang merpati. dan berkata kepada mereka, "Ada tertulis: Rumah-Ku akan disebut rumah doa. Tetapi kamu menjadikannya sarang penyamun." Lalu datanglah orang-orang buta dan orang-orang timpang kepada-Nya dalam Bait Allah itu dan mereka disembuhkan-Nya. Tetapi ketika imam-imam kepala dan ahli-ahli Taurat melihat mukjizat-mukjizat yang dibuat-Nya itu dan anak-anak yang berseru dalam Bait Allah, "Hosana bagi Anak Daud!" hati mereka sangat jengkel, lalu mereka berkata kepada-Nya, "Engkau dengar apa yang dikatakan anak-anak ini?" Kata Yesus kepada mereka, "Aku dengar; belum pernahkah kamu baca: Dari mulut anak-anak dan bayi-bayi yang menyusu Engkau telah menyediakan syukur pujian?"*

1. Orang kudus menyembah Allah.

    "Kita hendaknya memuji Allah seperti anak-anak di dalam Bait Allah."

2. Orang kudus hidup dalam kekudusan.

    "Yesus tidak membiarkan Rumah Bapa-Nya menjadi sarang penyamun."

3. Orang kudus mendoakan orang lain.

    "Yesus mengatakan Rumah Allah adalah rumah doa."

"Yesus adalah Yang Kudus dan tinggal di dalam kita. Karena mengikuti Dia, kita akan bertumbuh dalam kekudusan seperti orang-orang kudus-Nya. Kita akan menyembah, hidup dalam kekudusan, dan mendoakan orang lain sama seperti yang dilakukan Yesus".

Bagaimana Seharusnya Kita Berdoa?

—Luk 10:21— Pada waktu itu juga bergembiralah Yesus dalam Roh Kudus dan berkata, "Aku bersyukur kepada-Mu, Bapa, Tuhan langit dan bumi, karena semuanya itu Engkau sembunyikan bagi orang bijak dan orang pandai, tetapi Engkau nyatakan kepada orang kecil. Ya Bapa, itulah yang berkenan kepada-Mu. (TB)

MEMUJI TUHAN

"Yesus menghadap Allah dalam doa, bersuka cita dan mengucap syukur atas karya Allah di dunia."

> Memuji Tuhan
> Tangan ke atas, menyembah.

—Luk 18:10-14— Ada dua orang pergi ke Bait Allah untuk berdoa; yang seorang adalah Farisi dan yang lain pemungut cukai. Orang Farisi itu berdiri dan berdoa dalam hatinya begini: Ya Allah, aku mengucap syukur kepada-Mu, karena aku tidak sama seperti semua orang lain, bukan perampok, bukan orang lalim, bukan pezina dan bukan juga seperti pemungut cukai ini; Saya bersyukur karena saya tidak seperti penagih pajak itu. Saya berpuasa dua kali seminggu, dan saya mempersembahkan kepada-Mu sepersepuluh dari semua pendapatan saya.' Tetapi penagih pajak itu berdiri jauh-jauh dan malahan tidak berani menengadah ke langit. Sambil mengusap dada ia berkata, 'Ya Allah, kasihanilah saya orang berdosa ini!'" "Percayalah," kata Yesus, "pada waktu pulang ke rumah, penagih pajak itulah yang diterima Allah dan bukan orang Farisi itu. Sebab setiap orang yang meninggikan dirinya

akan direndahkan. Tetapi setiap orang yang merendahkan dirinya akan ditinggikan." (BIS)

BERTOBAT

"Dalam kisah ini, Yesus membandingkan dua orang yang sedang berdoa. Ketika orang Farisi berdoa, ia memuji diri dan menganggap dirinya lebih tinggi dari 'para pendosa'. Ketika pemungut cukai berdoa, ia merendahkan diri di hadirat Allah dan mengakui kelemahannya sebagai orang berdosa. Yesus mengatakan doa pemungut cukai itulah yang diterima Allah.

"Bertobat berarti mengakui dosa kita dan berbalik untuk tidak mengulanginya lagi. Mereka yang bertobat diampuni dan berkenan bagi Allah."

> Bertobat
> Telapak tangan ke arah luar menutupi wajah; kepala berpaling.

–Luk 11:9– Jadi, Aku berkata kepadamu: Mintalah, maka kalian akan diberi. Carilah, maka kalian akan mendapat. Ketuklah, maka pintu akan dibukakan untukmu. (TB)

MEMOHON

"Sesudah menghadap hadirat Allah dengan memuji Tuhan dan bertobat, kini kita siap untuk memohon pada Allah untuk segala kebutuhan kita. Banyak orang memulai doa dengan memohon, tetapi cara ini tidak sopan. Doa Tuhan mengajarkan kita untuk mulai dengan memuliakan Bapa (Mat 6:9) lalu memohon."

Memohon
 Tangan membentuk cawan untuk menerima.

—*Luk 22:42*— *Ya Bapa-Ku, jikalau Engkau berkenan, ambillah cawan ini dari hadapan-Ku; tetapi jangan kehendak-Ku, melainkan kehendak-Mulah yang jadi. (TB)*

BERSERAH DIRI

"Yesus menderita hebat di Taman Getsemani menjelang penyaliban. Namun, Ia berkata, 'Tetapi, terjadilah pada-Ku bukan menurut kehendak-Ku, melainkan kehendak-Mu" Setelah memohon kepada Tuhan segala yang kita butuhkan, kita mendengarkan Dia dan memberikan apa yang diminta-Nya dari kita."

Berserah diri - Allah meminta kita
 Katup tangan seperti berdoa dan tempatkan di atas dahi, tanda sembah.

Berdoa Bersama

- Pimpinlah kelompok pada sesi doa dengan menggunakan empat bagian doa, satu bagian satu kali.
- Setiap orang di dalam kelompok berdoa dengan suara lantang pada bagian "Memuji Tuhan" dan "Permohonan".

Berdoalah dalam hati selama bagian "Bertobat' dan 'Berserah Diri'.

"Anda akan tahu kapan bagian itu selesai ketika saya katakan, 'Dan semua umat Allah menjawab...Amin."

- Semangati pembelajar untuk menerapkan isyarat tangan saat berdoa supaya membantu mereka mengingat bagian mana dari doa yang sedang dipraktekkan.

Bagaimana Allah Akan Menjawab Kita?

—Mat 20:20-22—Kemudian datanglah ibu anak-anak Zebedeus serta anak-anaknya itu kepada Yesus. Ia sujud di hadapan-Nya untuk meminta sesuatu kepada-Nya. Kata Yesus, "Apa yang kaukehendaki?" Jawabnya, "Berilah perintah, supaya kedua anakku ini boleh duduk kelak di dalam Kerajaan-Mu, yang seorang di sebelah kanan-Mu dan yang seorang lagi di sebelah kiri-Mu." Tetapi Yesus menjawab, kata-Nya, "Kamu tidak tahu apa yang kamu minta! Dapatkah kamu meminum cawan, yang harus Kuminum?" Kata mereka kepada-Nya, "Kami dapat." (TB)

TIDAK

"Ibu Yakobus dan Yohanes meminta Yesus agar memberikan tempat yang paling istimewa kepada anak-anaknya dalam Kerajaan-Nya. Kebanggaan dan kuasa memotivasinya. Yesus berkata kepadanya bahwa Ia tidak akan mengabulkan permintaannya karena hanya Bapa-Nya yang berhak mengabulkan. Allah menjawab "tidak' ketika kita memohon dengan niat yang salah."

Tidak – Niat kita salah.
 Gelengkan kepala tanda "tidak".

—Yoh 11:11-15— *Demikianlah perkataan-Nya, dan sesudah itu Ia berkata kepada mereka, "Lazarus, saudara kita, telah tertidur, tetapi Aku pergi ke sana untuk membangunkan dia dari tidurnya." Lalu kata murid-murid itu kepada-Nya, "Tuhan, jikalau ia tertidur, ia akan sembuh." Tetapi sebenarnya Yesus berbicara tentang kematian Lazarus, sedangkan sangka mereka Yesus berkata tentang tertidur dalam arti biasa. Karena itu Yesus berkata dengan terus terang, "Lazarus sudah mati; tetapi Aku bersukacita, Aku tidak hadir pada waktu itu, sebab demikian lebih baik bagimu, supaya kamu dapat percaya. Marilah kita pergi sekarang kepadanya."*

LAMBAT

Yesus sudah tahu bahwa Lazarus sakit, dan Ia bisa datang lebih awal lalu menyembuhkan dia. Meski demikian, Yesus menunggu hingga Lazarus meninggal karena Ia ingin melakukan pekerjaan yang lebih besar –kebangkitan. Yesus sudah tahu bahwa jika Lazarus bangkit kembali iman mereka akan bertambah teguh dan membawa kemuliaan lebih besar bagi Allah. Kadang, kita harus menunggu karena saatnya tidak tepat."

Lambat – Kita perlu menunggu saat Allah, bukan saat kita.
 Tangan melambai ke bawah seolah memperlambat laju mobil.

–Luk 9:51-56– Ketika hampir tiba waktunya Yesus naik ke surga, Ia mengarahkan pandangan-Nya untuk pergi ke Yerusalem. Ia mengirim beberapa utusan mendahului ke suatu desa orang Samaria untuk mempersiapkan segala sesuatu bagi-Nya. Tetapi orang-orang Samaria itu tidak mau menerima Dia di sana. Ketika dua murid-Nya, yaitu Yakobus dan Yohanes, melihat hal itu, mereka berkata, "Tuhan, apakah Engkau mau, supaya kami menyuruh api turun dari langit untuk membinasakan mereka?" Akan tetapi, Ia berpaling dan menegur mereka. Lalu mereka pergi ke desa yang lain. (TB)

BERTUMBUH

"Ketika orang-orang Samaria tidak menerima Yesus, Yakobus dan Yohanes ingin supaya Dia membinasakan seluruh desa itu dengan api. Murid-murid ini tidak paham akan misi Yesus. Dia datang untuk menyelamatkan manusia, bukan untuk membinasakan mereka. Para murid membutuhkan sesuatu untuk bertumbuh! Dengan cara yang sama, ketika kita memohon kebutuhan yang sebenarnya tidak kita butuhkan, atau yang akan mendatangkan masalah bagi kita, atau tidak sejalan dengan misi Allah bagi hidup kita, Allah tidak mengabulkannya. Ia mengatakan bahwa kita perlu bertumbuh."

> Bertumbuh – Allah berkehendak agar kita bertumbuh dahulu pada satu bidang.
> Tangan menggambarkan tahap pertumbuhan pohon.

—Yoh 15:7— Jikalau kamu tinggal di dalam Aku dan firman-Ku tinggal di dalam kamu, mintalah apa saja yang kamu kehendaki, dan kamu akan menerimanya. (TB)

PERGILAH

"Ketika kita mengikuti Yesus dan hidup dengan firman-Nya, kita boleh meminta Allah segala kebutuhan kita dan percaya bahwa Ia akan mengabulkan. Allah bersabda, "Ya! Pergilah! Anda boleh menerimanya!"

> Ya – Kita sudah berdoa menurut kehendak-Nya dan Ia berfirman "ya."
>
> 🖐 Angguk, tanda "ya" dan gerakkan tangan ke depan, tanda "pergilah".

Ayat Hafalan

—Luk 11:9— Jadi, Aku berkata kepadamu: Mintalah, maka kalian akan diberi. Carilah, maka kalian akan mendapat. Ketuklah, maka pintu akan dibukakan untukmu. (BIS)

- Setiap orang berdiri dan mengucapkan ayat hafalan ini sepuluh kali bersama-sama. Enam kali pertama, pembelajar membaca dari Alkitab atau catatan. Empat kali terakhir, mereka mengucapkannya di luar kepala. Pembelajar harus menyebut ayat rujukan sebelum tiap kali mengutip isi ayat, dan kembali duduk setelah selesai.
- Ini akan membantu pelatih mengetahui siapa yang menyelesaikan pelajaran dalam bagian "Praktek."

Praktek

- Mintalah pembelajar duduk menghadap pasangan doa mereka dalam sesi ini. Tiap pasangan secara bergiliran saling mengajar.

 "Murid yang *lebih pendek* dari tiap pasangan akan menjadi pemimpin."

- Ikuti *Proses Pelatihan Pelatih* pada halaman 21.
- Tekankan bahwa Anda ingin agar mereka mengajarkan segalanya dalam bagian *Belajar* dengan cara yang tepat sama seperti Anda.

 "Ajukan pertanyaan, baca ayat kitab suci bersama, dan jawab pertanyaan sebagaimana saya lakukan untuk Anda."

- Setelah pembelajar melakukan praktek melatih satu sama lain, mintalah mereka mencari pasangan baru lalu praktek lagi. Mintalah pembelajar untuk mengingat seseorang yang akan mereka bagikan pelajaran ini di luar pelatihan.

 "Pikirkan sejenak kepada siapa pelajaran ini bisa diajarkan di luar pelatihan ini. Tulis nama orang itu pada bagian atas halaman pertama pelajaran ini."

Penutup

Nomor Telepon Allah ଛ

"Apakah Anda tahu nomor telepon Allah? Ini nomornya: 3-3-3"

–Yer 33:3– Berserulah kepada-Ku maka Aku akan menjawab serta memberitahukan kepadamu rahasia mengenai perkara-perkara besar yang tidak kauketahui dan tidak dapat kaupahami. (FAYH)

"Pastikan kalian menelpon Allah setiap hari. Dia sedang menunggu kabar darimu dan senang berbincang dengan anak-anak-Nya!"

Dua Tangan – Sepuluh Jari ☙

- Angkat kedua tangan.

    "Ada dua jenis orang yang harus kita doakan setiap hari: orang beriman dan tidak beriman.

    "Kita mendoakan orang beriman supaya mereka mengikuti Yesus dan melatih orang lain melakukan yang sama. Kita mendoakan orang tidak beriman agar mereka kelak menerima Kristus."

- Ajaklah pembelajar memilih lima orang yang akan dihitung dengan tangan kanan, yakni mereka yang belum beriman. Gunakan waktu untuk mendoakan mereka agar menjadi pengikut Yesus.
- Dengan jari tangan kiri, pembelajar menghitung orang beriman yang dikenalnya, yang bisa dilatih untuk mengikuti Yesus. Gunakan waktu untuk mendoakan orang beriman ini agar mengikuti Yesus dengan sepenuh hati.

5

Patuh

Patuh memperkenalkan pembelajar kepada Yesus sebagai Pelayan yang rendah hati. Pelayan menolong orang; mereka rendah hati, dan patuh kepada tuannya. Dengan cara yang sama seperti Yesus telah melayani dan mengikuti Bapa-Nya, kita pun melayani dan mengikuti Yesus. Sebagai Yang penuh dengan kuasa, Yesus telah memberikan kita empat perintah untuk dipatuhi: *pergilah, jadikan mereka sebagai murid, baptis, dan ajarlah mereka untuk mematuhi segala yang telah diperintahkan-Nya*. Yesus pun berjanji bahwa Ia akan senantiasa menyertai kita. Ketika Yesus memberikan perintah, kita seharusnya patuh setiap saat, langsung bertindak, dan dari hati penuh kasih.

Badai dalam kehidupan melanda setiap orang, tetapi orang bijak melandasi kehidupannya dengan mematuhi perintah Yesus; sebaliknya, orang bodoh tidak. Akhirnya, pembelajar memulai Peta Kisah Para Rasul 29, gambaran tentang ladang tuaian, yang akan mereka sajikan pada akhir Seminar Pemuridan.

Memuji Tuhan

- Mintalah seseorang memohon kehadiran dan berkat Tuhan.
- Nyanyikan dua lagu koor atau madah pujian bersama.

Berdoa

- Upayakan agar pembelajar berpasangan dengan seseorang yang belum pernah menjadi pasangannya.
- Tiap pembelajar berbagi dengan pasangannya jawaban atas pertanyaan berikut ini:

    1. Bagaimana kita dapat mendoakan orang-orang yang hilang yang Anda tahu akan diselamatkan?
    2. Bagaimana kita dapat berdoa bagi kelompok yang sedang Anda latih?

- Jika seorang pasangan belum mulai melatih seorang pun, berdoalah bagi orang-orang potensial di dalam lingkungan pengaruhnya yang bisa mulai melatih.
- Semua pasangan berdoa bersama.

Belajar

Bergoyang ala Funky Papua! ○₰

"Saya akan melakukan sesuatu hari ini, semoga kalian tidak akan lupa. Berdirilah membentuk lingkaran dan perhatikan saya. Saya ingin agar kalian meniru apa pun yang saya lakukan.

- Pertama-tama, tunjukkan isyarat tangan sederhana yang bisa ditiru setiap orang. Misalnya, menahan kantuk dengan tangan, meremas leher, menggosok siku, dll. Lakukan secara perlahan dan sederhana sehingga setiap orang mudah menirukannya.

"Apakah mudah mengikuti saya? Mengapa mudah atau mengapa tidak?"

"Mudah saja kalian meniru saya karena saya melakukannya secara sederhana. Sekarang, saya ingin kalian meniru lagi. Ingat, tiru setepat-tepatnya segala yang saya lakukan."

- Kali kedua, tunjukkan gerakan kombinasi antara goyang *Funky Papua*, disko ala John Travolta, atau Michael Jackson, dsb.
- Buat sendiri tarian Anda, aneh dan rumit sehingga tidak seorang pun bisa meniru. Ada yang akan coba meniru, tetapi kebanyakan hanya akan tertawa dan mengatakan mustahil.

"Apakah mudah mengikuti saya kali ini? Mengapa mudah atau mengapa tidak?"

"Kami sedang mengajari Anda pelajaran yang mudah direproduksi. Kalau kami mengajar dengan cara ini, Anda bisa melatih orang lain yang akan melatih orang lain pula. Apabila suatu pelajaran terlalu rumit, orang tidak mampu membagikannya kepada orang lain. Jikalau kalian pelajari cara Yesus mengajar, kalian akan temukan bahwa Ia memberikan pelajaran sederhana yang bisa diingat dan diteruskan kepada orang lain. Kita ingin mengikuti cara Yesus ketika kita melatih orang lain."

Tinjauan Ulang

Tiap sesi tinjauan ulang, formatnya sama. Mintalah pembelajar berdiri dan mengucapkan pelajaran yang sudah dipelajari. Pastikan mereka melakukan isyarat tangan pula.

Apa Artinya Delapan Citra Yang Membantu Kita Mengikuti Yesus?
Prajurit, Pencari, Gembala, Penabur, Anak, Yang Kudus, Pelayan, Bendahari

Berlipat ganda
Tiga hal apa yang dilakukan bendahari?
Apa perintah pertama Allah kepada manusia?
Apa perintah terakhir Yesus kepada manusia?
Bagaimana caranya agar saya bisa berbuah dan berlipat ganda?
Apa nama kedua lautan yang ada di Israel?
Mengapa keduanya sangat berbeda?
Anda ingin menjadi seperti laut yang mana?

Mengasihi
Tiga hal apa yang dilakukan gembala?
Perintah apa yang paling penting untuk diajarkan kepada orang lain?
Dari mana datangnya kasih?
Apa artinya Ibadat Sederhana?
Mengapa kita harus Beribadat Sederhana?
Perlu berapa orang untuk Ibadat Sederhana?

Berdoa
Tiga hal apa yang dilakukan orang kudus?
Bagaimana seharusnya kita berdoa?
Bagaimana Allah akan menjawab kita?
Berapa nomor telepon Allah?

Yesus itu Seperti Apa?

—Mrk 10:45– Karena Anak Manusia juga datang bukan untuk dilayani, melainkan untuk melayani dan untuk memberikan nyawa-Nya menjadi tebusan bagi banyak orang. (TB)

"Yesus adalah Pelayan. Sengsara Yesus adalah untuk melayani Bapa-Nya dengan menyerahkan nyawa-Nya bagi umat manusia."

> **Pelayan**
> Seolah sedang memukulkan palu.

Tiga Hal Apa yang Dilakukan Pelayan?

—Flp 2:5– Hendaklah kamu dalam hidupmu bersama, menaruh pikiran dan perasaan yang terdapat juga dalam Kristus Yesus: yang walaupun dalam rupa Allah, tidak menganggap kesetaraan dengan Allah itu sebagai milik yang harus dipertahankan, melainkan telah mengosongkan diri-Nya sendiri, dan mengambil rupa seorang hamba, dan menjadi sama dengan manusia. Dan dalam keadaan sebagai manusia, Ia telah merendahkan diri-Nya dan taat sampai mati, bahkan sampai mati di kayu salib!

1. Pelayan membantu orang lain.

   "Yesus wafat di Salib untuk membantu kita bersatu kembali sebagai keluarga Allah."

2. Pelayan memiliki kerendahan hati.
3. Pelayan taat pada tuannya.

"Yesus taat pada Bapa. Kita harus taat pada guru kita."

"Yesus membantu kita dengan wafat di Salib demi dosa-dosa kita. Ia merendahkan diri-Nya dan selalu taat pada Bapa-Nya. "Yesus adalah pelayan, dan tinggal di dalam kita. Bila mengikuti-Nya, kita akan menjadi pelayan pula. Kita akan membantu orang lain, memiliki kerendahan hati, dan taat pada guru kita, Yesus."

Siapa yang Paling Berkuasa di Dunia?

—Mat 28:18– Yesus mendekati mereka dan berkata, "Kepada-Ku telah diberikan segala kuasa di surga dan di bumi."

"Yesus adalah penguasa tertinggi di Surga dan Dunia. Kuasanya lebih besar daripada orang tua, guru, dan pejabat pemerintahan kita. Bahkan, kuat kuasa-Nya lebih daripada gabungan kuasa semua orang di muka bumi. Karena Dialah yang memiliki kuasa tertinggi, apabila Ia memberi kita perintah, mestinya kita taat kepada-Nya lebih dari kepada siapa pun."

Empat Perintah Apa Yang Diberikan Yesus Kepada Setiap Orang Beriman?

—Mat 28:19-20– Karena itu, pergilah, jadikanlah semua bangsa murid-Ku dan baptislah mereka dalam nama Bapa dan Anak dan Roh Kudus, Mat 28:20 dan ajarlah mereka melakukan segala sesuatu yang telah Kuperintahkan kepadamu.

PERGILAH

✋ Gerakkan jari ke depan, tanda "berangkat"

JADIKAN SEBAGAI MURID

✋ Gunakan keempat isyarat tangan dari Ibadat Sederhana: Memuji Tuhan, Berdoa, Belajar, dan Praktek.

BAPTISLAH MEREKA

✋ Taruh tangan Anda pada salah satu siku; gerakkan siku Anda naik turun seolah seseorang sedang dibaptis.

AJARKAN MEREKA MELAKUKAN PERINTAH-NYA

✋ Dekatkan tangan seolah sedang membaca buku, lalu gerakkan "buku" ke belakang dan ke depan dan dari kiri ke kanan seolah Anda sedang mengajar.

Bagaimana Seharusnya Kita Taat Pada Yesus?

"Saya mau berbagi tiga cerita yang mengilustrasikan kepatuhan seperti apa yang diinginkan Allah dari kita. Harap dengarkan baik-baik sehingga kalian bisa mengulanginya ketika mengajari pasangan dalam beberapa menit."

SEPANJANG WAKTU

"Seorang anak mengatakan kepada ayahnya kalau ia akan mematuhinya setiap bulan kecuali satu bulan tertentu. Selama bulan itu, ia akan melakukan apa pun yang disukai (mabuk-mabukan, tidak ke sekolah, dll.). Menurut kalian, apa kata ayahnya?

"Anak yang sama ini bilang kepada ayahnya, "Saya akan taat pada ayah setiap minggu, tetapi khusus satu minggu tertentu saya akan lakukan apa yang saya mau.' (Memakai narkoba, minggat dari rumah, dll.). Menurut kalian, apa kata ayahnya?

"Lalu, kata anak itu lagi, 'Saya akan patuh pada ayah setiap hari, kecuali satu hari. Pada satu hari itu, saya akan berbuat sesuka hati.' (Menikah, membunuh orang, dll.). Menurut kalian, apa kata ayahnya?

"Kita berharap anak-anak tetap taat sepanjang waktu. Demikian pula, ketika Yesus memberi kita perintah-Nya, Ia berharap kita patuh pada-Nya sepanjang waktu."

> Sepanjang waktu
> ✋ Gerakkan tangan kanan dari sisi kiri ke sisi kanan.

LANGSUNG BERTINDAK

"Ada seorang anak wanita yang sangat mencintai ibunya. Ibunya sakit berat dan sekarat. Si ibu meminta putrinya, "Tolong, ambilkan saya air minum.' Jawab si anak, 'Ya, nanti saya ambilkan...(berhenti sejenak) minggu depan.' Menurut kalian, apa kata si ibu?

"Kita berharap anak-anak kita patuh dan langsung bertindak, bukan sesuka mereka. Demikian pula, ketika Yesus memberikan kita perintah-Nya, Ia berharap kita patuh pada-Nya dan langsung bertindak, bukan nanti.

> **Langsung bertindak**
> ✋ Gerakkan tangan dari atas ke bawah seperti membelah sesuatu.

DARI HATI PENUH KASIH

"Ada seorang anak muda yang ingin menikah. Kepadanya saya katakan bahwa akan saya buatkan sebuah 'istri robot' yang menaati setiap perintahnya. Ketika pulang ke rumah dari tempat kerja, robot itu akan berujar, 'Aku sangat mencintaimu; engkau pekerja keras.' Jika ia meminta istri robotnya melakukan apa pun, sang istri akan selalu menjawab, 'Ya, sayang. Kamu orang paling hebat di dunia ini.' Kawanku, menurut kalian, istri macam apakah ini? (Tirulah robot ketika Anda mengucapkan kata-kata si robot).

"Kita menginginkan cinta yang lahir dari hati yang sejati, bukan dari robot yang diprogram. Kita menginginkan cinta sejati. Begitu pula halnya, Allah menginginkan agar kita patuh dengan hati penuh kasih.

> **Dari hati penuh kasih**
> ✋ Silangkan kedua tangan di dada lalu naikkan ke atas untuk memuji Allah.

- Tinjau ulang tiga isyarat tangan beberapa kali:

"Yesus ingin kita patuh pada-Nya: sepanjang waktu, secara langsung, dari hati penuh kasih."

"Yesus telah memberikan kepada setiap orang beriman empat perintah. Bagaimana seharusnya kita patuh?

IA MEMERINTAHKAN KITA UNTUK PERGI.

✋ Gerakkan jari ke depan, tanda "berangkat"

BAGAIMANA SEHARUSNYA KITA PATUH?

"Sepanjang waktu, secara langsung, dari hati penuh kasih."

IA MEMERINTAHKAN KITA UNTUK MEMURIDKAN ORANG.

✋ Gunakan keempat isyarat tangan dari Ibadat Sederhana: Memuji Tuhan, Berdoa, Belajar, dan Praktek.

BAGAIMANA SEHARUSNYA KITA PATUH?

"Sepanjang waktu, secara langsung, dari hati penuh kasih."

IA MEMERINTAHKAN KITA UNTUK MEMBAPTIS.

✋ Taruh siku kanan pada telapak kiri Anda. Kembalikan lengan kanan ke posisi semula lalu angkat.

BAGAIMANA SEHARUSNYA KITA PATUH?

"Sepanjang waktu, secara langsung, dari hati penuh kasih."

IA MEMERINTAHKAN KITA UNTUK MENGAJARKAN MEREKA MELAKUKAN PERINTAH-PERINTAH-NYA.

> ✋ Tempatkan tangan seolah sedang membaca buku, lalu gerakkan "buku" itu ke belakang dan ke depan dalam bentuk setengah lingkaran seolah Anda sedang mengajar.

BAGAIMANA SEHARUSNYA KITA PATUH?

"Sepanjang waktu, secara langsung, dari hati penuh kasih."

Apa Janji Yesus Kepada Tiap Orang Beriman?

> *—Mat 28:20b— Ketahuilah, Aku menyertai kamu senantiasa sampai akhir zaman."*

"Yesus senantiasa menyertai kita. Ia bersama kita di sini, saat ini."

Ayat Hafalan

> *—Yoh 15:10—Jikalau kamu menuruti perintah-Ku, kamu akan tinggal di dalam kasih-Ku, seperti Aku menuruti perintah Bapa-Ku dan tinggal di dalam kasih-Nya. (TB)*

- Setiap orang berdiri dan mengucapkan ayat hafalan ini sepuluh kali bersama-sama. Enam kali pertama, pembelajar membaca dari Alkitab atau catatan. Empat kali terakhir, mereka mengucapkannya di luar kepala. Pembelajar harus menyebut ayat rujukan sebelum tiap kali mengutip isi ayat, dan kembali duduk setelah selesai.
- Ini akan membantu pelatih mengetahui siapa yang menyelesaikan pelajaran dalam bagian "Praktek."

PRAKTEK

- Mintalah pembelajar duduk menghadap pasangan doa mereka dalam sesi ini. Tiap pasangan secara bergiliran saling mengajar.

   "Orang yang *paling tinggi* dari tiap pasangan akan menjadi pemimpin."

- Ikuti *Proses Pelatihan Pelatih* pada halaman 21.
- Tekankan bahwa Anda ingin agar mereka mengajarkan segalanya dalam bagian *Belajar* dengan cara yang tepat sama seperti Anda.

   "Ajukan pertanyaan, baca ayat kitab suci bersama, dan jawab pertanyaan sebagaimana saya lakukan untuk Anda.

- Setelah pembelajar melakukan praktek melatih satu sama lain, mintalah mereka mencari pasangan baru lalu praktek lagi. Mintalah pembelajar mengingat seseorang yang akan mereka bagikan pelajaran ini di luar pelatihan.

   "Pikirkan sejenak kepada siapa pelajaran ini bisa diajarkan di luar pelatihan ini. Tulis nama orang itu pada bagian atas halaman pertama pelajaran ini."

Penutup

Membangun di Atas Fondasi Sejati ⚜

- Mintalah tiga sukwan untuk lakon berikut ini: dua untuk memainkan peran dan satu sebagai narator. Tempatkan kedua sukwan di depan Anda, sedangkan narator di sisi lain. Kedua sukwan pemain peran sebaiknya laki-laki.
- Mintalah narator membacakan Mateus 7:24-25

    "Orang bijak mendirikan rumahnya di atas batu karang."

    — Mat 7:24,25— Nah, orang yang mendengar perkataan-Ku ini, dan menurutinya, sama seperti orang bijak yang membangun rumahnya di atas batu. Hujan turun, air sungai meluap dan angin kencang memukul rumah itu. Tetapi rumah itu tidak roboh, sebab dibangun di atas batu." (BIS)

- Setelah narator membacakan ayat-ayat itu, jelaskan apa yang terjadi dengan si orang bijak, buatlah suara mendesir seperti angin sambil menuangkan air ke atas kepala sukwan pertama.
- Sembunyikan botol air di sekitar ruang sebelum bermain peran.
- Mintalah narator membacakan Mateus 7:26-27

    "Orang bodoh mendirikan rumahnya di atas pasir."

    —Mat 7:26-27— Orang yang mendengar perkataan-Ku ini, tetapi tidak menurutinya, ia sama seperti orang bodoh yang membangun rumahnya di atas pasir. Hujan turun, air sungai meluap dan angin kencang memukul rumah itu. Akhirnya, rumah itu roboh dan rusak sama sekali!" (BIS)

- Setelah narator membacakan teks itu, jelaskan apa yang terjadi dengan orang bijak, buatlah suara mendesir seperti angin sambil menuangkan air ke atas kepala sukwan pertama. Si sukwan harus jatuh tersungkur pada akhir lakon saat Anda berkata, "Dan rumah itu rusak sama sekali."

"Apabila kita menaati perintah Yesus, kita sama seperti si bijak. Jika tidak, kita persis sama seperti si orang bodoh. Kita ingin memastikan bahwa orang yang sedang kita latih, mendasarkan hidupnya pada ketaatan untuk melakukan perintah-perintah Yesus. Firman-Nya merupakan dasar yang kokoh dalam pelbagai kesulitan hidup."

Peta Kisah Para Rasul 29 - Bagian 1 ⚜

- Setelah lakon "fondasi sejati", bagikan kepada tiap pembelajar selembar kertas poster, pena, pensil, pensil warna, krayon, spidol, dsb.
- Jelaskan bahwa setiap orang akan membuat sebuah peta lokasi tempat Allah memanggil pembelajar untuk pergi. Selama pelatihan akan ada beberapa waktu untuk mengerjakan peta. Mereka bisa pula mengerjakannya pada waktu malam. Peta ini mencerminkan kepatuhan mereka pada perintah-perintah Yesus untuk pergi ke seluruh dunia.
- Mintalah pembelajar menggambar peta lokasi tempat Allah memanggil mereka untuk pergi. Peta ini sebaiknya berisi jalan, sungai, gunung, gedung, dsb. Jika pembelajar tidak tahu ke mana mereka diutus Allah, ajaklah mereka menggambar peta yang meliputi tempat tinggal, tempat kerja serta tempat orang-orang yang berarti bagi mereka. Ini merupakan titik awal yang sangat baik.

Simbol Peta

Rumah
Rumah Sakit/Klinik
Candi
Gereja
Gereja Rumah
Markas Militer
Mesjid
Sekolah
Pasar

Pembelajar cenderung menghasilkan peta yang lebih bagus jika...

- Lebih dahulu membuat sketsa kasar lalu menyalinnya ke dalam kertas bersih.
- Mendapat ide baru dengan mengelilingi ruangan dan melihat apa yang sedang dikerjakan teman lain pada peta mereka.
- Mengerti bahwa mereka akan mempresentasikan peta-nya kepada kelompok pada akhir pelatihan.
- Menggunakan krayon atau pensil warna sehingga petanya lebih semarak.

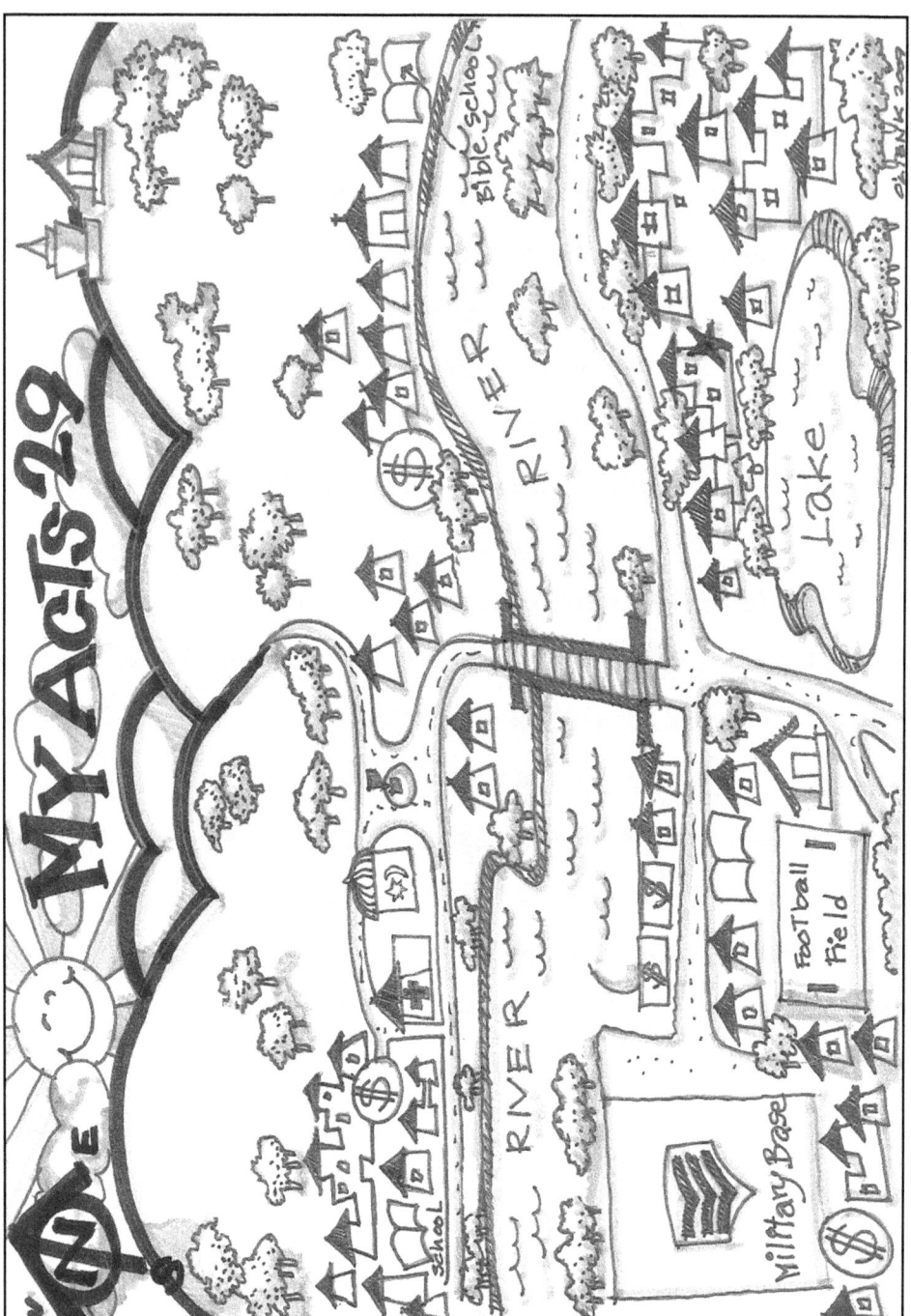

6

Berjalan

Berjalan memperkenalkan pembelajar kepada Yesus sebagai Anak: seorang anak (lelaki/perempuan) menghormati ayahnya, menginginkan kebersamaan, dan ingin agar keluarganya sukses. Bapa menyebut Yesus sebagai "yang Ku-kasihi" dan Roh Kudus turun ke atas Yesus saat dibaptis. Yesus berhasil dalam tugas perutusan-Nya karena Ia bergantung pada kuasa Roh Kudus.

Demikian pula, kita harus mengandalkan kuasa Roh Kudus dalam hidup kita. Ada empat perintah yang harus kita lakukan berkenaan dengan Roh Kudus: *berjalan bersama Roh Kudus, tidak mendukakan Roh Kudus, dipenuhi dengan Roh Kudus, dan tidak memadamkan Roh Kudus.* Yesus sedang bersama kita saat ini dan ingin membantu kita bahkan seperti Ia membantu orang ketika dalam perjalanan ke Galilea. Kita bisa meminta Yesus jika kita butuh kesembuhan dari sesuatu yang menghalangi kita mengikuti Yesus.

Memuji Tuhan

- Mintalah seseorang memohon kehadiran dan berkat Tuhan.
- Nyanyikan dua lagu koor atau madah pujian bersama.

Berdoa

- Upayakan agar pembelajar berpasangan dengan seseorang yang belum pernah menjadi pasangannya.
- Tiap pembelajar berbagi dengan pasangannya jawaban atas pertanyaan berikut ini:

    1. Bagaimana kita dapat mendoakan orang-orang yang hilang yang Anda tahu akan diselamatkan?
    2. Bagaimana kita dapat berdoa bagi kelompok yang sedang Anda latih?

- Jika seorang pasangan belum mulai melatih seorang pun, berdoalah bagi orang-orang potensial di dalam lingkungan pengaruhnya yang bisa mulai melatih.
- Semua pasangan berdoa bersama.

Belajar

Kehabisan Bensin ଓ

"Menurut kalian, bagaimana jika saya mendorong motor ke mana-mana dan tidak pernah mengisi bensin?"

- Mintalah satu orang menjadi sukwan. Sukwan ini akan menjadi "motor" Anda. Dorong motor Anda ke tempat kerja, sekolah, pasar, dan rumah teman. Di rumah teman, mereka minta untuk menumpang "motor" bersama Anda. Persilakan mereka naik, lalu dorong motor Anda. Tunjukkan betapa melelahkan jadinya.

"Jelas, akan lebih baik kalau Anda mengisi bensin. Maka Anda bisa melakukan segalanya dengan lebih mudah."

- Putar kunci "motor" lalu hidupkan dengan kaki. Pastikan terdengar suara motor.
- Anda mungkin harus berhenti dan "memperbaiki" motor beberapa kali, jika motor tidak berbunyi. Lakukan segala kegiatan yang dilakukan tadi, tetapi kini tidak ada masalah karena Anda tidak lagi harus mendorong motor. Ketika teman ingin menumpang, persilakan mereka naik dan katakan, "Tidak masalah. Kini, saya sudah punya banyak tenaga."

"Kehidupan rohani kita bagaikan sepeda motor. Banyak orang "mendorong" kehidupan rohani mereka ke mana-mana, dengan hanya mengandalkan kekuatan sendiri. Akibatnya, ziarah Kristiani mereka menjadi sulit, dan mereka ingin menyerah. Sedangkan yang lain telah menemukan kuasa Roh Kudus dalam kehidupan mereka. Roh Kudus ibarat bensin dalam sepeda motor. Ia memberi kita kekuatan yang kita butuhkan untuk menjalankan apa pun perintah Yesus."

Tinjauan Ulang

Tiap sesi tinjauan ulang, formatnya sama. Mintalah pembelajar berdiri dan mengucapkan pelajaran yang sudah dipelajari. Pastikan mereka melakukan isyarat tangan pula.

Apa Artinya Delapan Citra Yang Membantu Kita Mengikuti Yesus?
Prajurit, Pencari, Gembala, Penabur, Anak, Yang Kudus, Pelayan, Bendahari

Berlipat ganda
Tiga Hal Apa yang Dilakukan Bendahari?
Apa perintah pertama Allah kepada manusia?
Apa perintah terakhir Yesus kepada manusia?
Bagaimana caranya agar saya bisa berbuah dan berlipat ganda?
Apa nama kedua lautan yang ada di Israel?
Mengapa keduanya sangat berbeda?
Anda ingin menjadi seperti laut yang mana?

Mengasihi
Tiga hal apa yang dilakukan gembala?
Perintah apa yang paling penting untuk diajarkan kepada orang lain?
Dari mana datangnya kasih?
Apa artinya Ibadat Sederhana?
Mengapa kita harus Beribadat Sederhana?
Perlu berapa orang untuk Ibadat Sederhana?

Berdoa
Tiga hal apa yang dilakukan orang kudus?
Bagaimana seharusnya kita berdoa?
Bagaimana Allah akan menjawab kita?
Berapa nomor telepon Allah?

Patuh
Tiga hal apa yang dilakukan pelayan?
Siapa yang memiliki kuasa paling tinggi?
Empat perintah apa yang diberikan Yesus kepada setiap orang beriman?
Bagaimana seharusnya kita patuh pada Yesus?
Apa yang dijanjikan Yesus bagi kita?

Yesus itu Seperti Apa?

> *—Mat 3:16-17– Segera setelah Yesus dibaptis dan keluar dari air, langit terbuka dan Yohanes melihat Roh Allah turun ke atas-Nya dalam rupa seekor burung merpati. Dan suatu suara dari langit mengatakan, "Inilah Anak-Ku yang Kukasihi, dan Aku sangat berkenan akan Dia."! (FAYH)*

"Yesus adalah Anak. 'Anak Manusia' merupakan ungkapan yang paling digemari Yesus ketika menjelaskan siapa diri-Nya. Yesus-lah yang pertama menyebut Allah kekal sebagai 'Bapa'. Karena kebangkitan-Nya, kini kita boleh menjadi bagian dalam keluarga Allah."

> **Putera/Puteri**
> Arahkan tangan ke mulut seolah sedang makan. Anak-anak lelaki biasanya banyak makan!

Tiga Hal Apa yang Dilakukan Anak?

> *Yoh 17:4, 18-21 (Yesus berkata...) Aku telah memuliakan Engkau di bumi dengan menyelesaikan pekerjaan yang Engkau berikan kepada-Ku untuk Kulakukan. Sama seperti Engkau telah mengutus Aku ke dalam dunia, demikian pula Aku telah mengutus mereka ke dalam dunia. Dan Aku menguduskan diri-Ku bagi mereka, supaya mereka pun dikuduskan dalam kebenaran. Bukan untuk mereka ini saja Aku berdoa, tetapi juga untuk orang-orang, yang percaya kepada-Ku melalui pemberitaan mereka. Aku mohon, Bapa, supaya mereka semua menjadi satu, seperti Bapa bersatu dengan Aku, dan Aku dengan Bapa. Semoga mereka menjadi satu dengan Kita supaya dunia percaya bahwa Bapa yang mengutus Aku. (BIS)*

1. Anak-anak menghormati ayah mereka.

   Yesus memuliakan Bapa-Nya sewaktu Ia masih di dunia.

2. Anak-anak menginginkan keutuhan keluarga.

   Yesus ingin pengikut-Nya menjadi satu, sama seperti Ia dan Bapa-Nya adalah satu.

3. Anak-anak ingin keluarganya berhasil.

   Sama seperti Allah telah mengutus Yesus ke dunia untuk berhasil, begitu pula Yesus mengutus kita untuk berhasil.

"Yesus adalah sang Anak, dan Dia tinggal di dalam kita. Karena mengikuti-Nya, kita akan menjadi anak-anak-Nya. Kita akan memuliakan Bapa Surgawi, menginginkan kesatuan dalam keluarga Allah, dan berjuang demi keberhasilan Kerajaan Allah."

Mengapa Pelayanan Yesus Berhasil?

> *—Luk 4:14– Dalam kuasa Roh kembalilah Yesus ke Galilea. Lalu tersebarlah kabar tentang Dia di seluruh daerah itu. (TB)*

"Roh Kudus telah memberi Yesus kuasa untuk berhasil. Yesus melayani dalam kuasa Roh Kudus, bukan oleh kekuatan-Nya sendiri. Apabila kita mengikuti Yesus, kita meniru cara pelayanan-Nya. Yesus terus menerus bergantung pada Roh Kudus. Jikalau Yesus sendiri mesti bergantung pada Roh Kudus, betapa kita seharusnya lebih bergantung!"

Yesus Menjanjikan Apa Kepada Orang Beriman Tentang Roh Kudus Sebelum Penyaliban?

—Yoh 14:16-81— Aku akan minta kepada Bapa, dan Ia akan memberikan kepadamu seorang Penolong yang lain, supaya Ia menyertai kamu selama-lamanya, yaitu Roh Kebenaran. Dunia tidak dapat menerima Dia, sebab dunia tidak melihat Dia dan tidak mengenal Dia. Tetapi kamu mengenal Dia, sebab Ia menyertai kamu dan akan diam di dalam kamu. Aku tidak akan meninggalkan kamu sebagai yatim piatu. Aku datang kembali kepadamu.

1. Ia akan memberi kita Roh Kudus.
2. Roh Kudus akan menyertai kita selamanya.
3. Roh Kudus akan tinggal di dalam kita.
4. Kita akan senantiasa menjadi anggota keluarga Allah.

"Kita adalah anggota keluarga-Nya karena Roh Kudus tinggal di dalam kita."

Yesus Menjanjikan Apa Kepada Orang Beriman Tentang Roh Kudus Sesudah Kebangkitan-Nya?

— Kis 1:8— Tetapi kamu akan menerima kuasa bilamana Roh Kudus turun ke atas kamu. Dan kamu akan menjadi saksi-saksi-Ku di Yerusalem dan di seluruh Yudea dan Samaria dan sampai ke ujung bumi." (TB)

"Roh Kudus akan memberi kita kuasa apabila Ia turun ke atas kita."

Empat Perintah Apa yang Harus Dipatuhi Menyangkut Roh Kudus?

—Gal 5:16— Maksud saya begini: Biarlah Roh Allah membimbing kalian dan janganlah hidup menurut keinginan tabiat manusia. (BIS)

BERJALAN BERSAMA ROH KUDUS

- Pilih seorang sukwan. Pasangan sebaiknya berupa pria/pria, atau wanita/wanita dan tidak dicampur (kecuali budaya setempat membolehkan pria dan wanita bermain peran bersama-sama.

  "Pasangan saya dan saya akan menunjukkan beberapa kebenaran mengenai berjalan bersama Roh Allah. Dalam lakon ini, saya berperan sebagai diri sendiri dan pasangan saya sebagai Roh Kudus. Alkitab mengatakan, " Biarlah Roh membimbing kalian."

- Perlihatkan "berjalan bersama Roh" dengan pasangan Anda. Biarkan pasangan Anda menjadi 'Roh Kudus.' Bersama pasangan kalian berjalan berpegangan tangan, merangkul pundak, dan bercakap-cakap. Ketika 'Roh Kudus' ingin pergi ke suatu tempat, ikuti dia. Namun sesekali, cobalah melenceng dari tempat tujuan Roh Kudus. Tetap bersama pasangan Anda karena Roh Kudus tidak pernah meninggalkan kita. Terjadi pergolakan karena ia menuju jalan lain, sedangkan Anda ke arah lain.

  "Kita seharusnya berjalan mengikuti jalan yang dikehendaki Roh Kudus, bukan jalan kita sendiri. Kadang kala, kita ingin menempuh lintasan kita sendiri, dan ini menyebabkan banyak masalah rohani dan konflik hebat dalam hati kita."

Dibimbing oleh Roh
✋ "Jalankan" jemari kedua tangan Anda.

—Ef 4:30— *Dan janganlah kamu mendukakan Roh Kudus Allah, yang telah memeteraikan kamu menjelang hari penyelamatan. (TB)*

JANGAN MENDUKAKAN ROH KUDUS

"Alkitab berpesan, 'Jangan mendukakan Roh Kudus.' Roh Kudus memiliki perasaan, dan kita bisa membuat-Nya sedih."

- Berjalanlah berkeliling bersama Roh Kudus (pasangan Anda) dan mulailah menggosipkan seseorang dalam kelompok. Ketika kalian melakukan ini, Roh Kudus mulai berduka. Berpura-puralah mengajak berkelahi seorang pembelajar lain, dan Roh Kudus kembali bersedih.

"Waspadalah terhadap cara kalian menjalani kehidupan, karena Roh Kudus diam di dalam kalian dan bisa berduka. Kita bisa membuat Roh Kudus sedih dengan perilaku dan perkataan kita."

Jangan mendukakan roh kudus
 Usap mata Anda seperti sedang menangis lalu gelengkan kepala, tanda 'tidak'

—Ef 5:18— Janganlah kalian mabuk oleh anggur, sebab itu akan merusakkan kalian. Sebaliknya, hendaklah kalian dikuasai oleh Roh Allah…(BIS)

DIPENUHI DENGAN ROH

Alkitab mengatakan, " Hendaklah kamu penuh dengan Roh." Artinya, kita membutuhkan Roh Kudus dalam setiap bagian hidup kita dan setiap saat.

"Apabila kita menerima Kristus, kita menerima segala sesuatu yang kita perlukan di dunia ini dari Roh Kudus. Mustahil untuk memperoleh "lebih lagi" dari Roh Kudus. Meski demikian, tidak mustahil bagi Roh Kudus untuk menerima 'lebih lagi' dari kita. Tiap hari, kita memilih berapa banyak bagian kehidupan kita yang akan diisi-Nya. Perintah ini ditujukan kepada Dia untuk memenuhi setiap bagian kehidupan kita."

> **Penuh dengan Roh.**
> ✋ Buatlah gerakan 'mengalir' dengan kedua tangan, dari kaki hingga atas kepala Anda.

⊕

—1Tes 5:19— Janganlah memadamkan Roh Kudus.

JANGANLAH MEMADAMKAN ROH

"Alkitab berpesan, 'Janganlah memadamkan Roh.' Artinya, kita hendaknya tidak mencoba menghalangi karya Roh dalam hidup kita."

- Berjalanlah berkeliling bersama Roh Kudus (pasangan Anda) katakan kepada kelompok bahwa Roh Kudus ingin kalian bersaksi kepada salah satu pembelajar. Tolak tawaran untuk bersaksi, cari alasan, dan lakukan menurut kemauan Anda sendiri. Roh Kudus meminta kalian untuk mendoakan orang sakit, tetapi kalian menolak, mencari-cari alasan, lalu menempuh arah lain.

"Kita sering menghalangi karya Allah dengan mencari alasan dan mengerjakan apa yang lebih kita sukai daripada mengikuti bimbingan Roh Kudus. Kita bisa menghalangi (memadamkan) Roh Kudus dengan apa yang tidak kita kerjakan atau katakan. Ini bagaikan kita mencoba memadamkan api Roh di dalam jiwa kita."

> **Janganlah memadamkan Roh.**
> Arahkan jari telunjuk ke atas seperti lilin. Bertindaklah seolah sedang mencoba memadamkannya. Gelengkan kepala tanda "tidak".

Ayat Hafalan

—Yoh 7:38— Siapa saja yang percaya kepada-Ku, dari dalam hatinya akan mengalir banyak air yang memberi hidup." Karena Kitab Suci mengatakan bahwa sungai-sungai air hidup akan mengalir dari dalam diri siapa saja yang percaya kepada-Ku." (TB)

- Setiap orang berdiri dan mengucapkan ayat hafalan ini sepuluh kali bersama-sama. Enam kali pertama, pembelajar membaca dari Alkitab atau catatan. Empat kali terakhir, mereka mengucapkannya di luar kepala. Pembelajar harus

menyebut ayat rujukan sebelum tiap kali mengutip isi ayat, dan kembali duduk setelah selesai.
- Ini akan membantu pelatih mengetahui siapa yang menyelesaikan pelajaran dalam bagian "Praktek."

PRAKTEK

- Mintalah pembelajar duduk menghadap pasangan doa mereka dalam sesi ini. Tiap pasangan secara bergiliran saling mengajar.

"Orang yang *rumahnya paling jauh dari tempat pelatihan* akan berperan sebagai pemimpin."

- Ikuti *Proses Pelatihan Pelatih* pada halaman 21.
- Tekankan bahwa Anda ingin agar mereka mengajarkan segalanya dalam bagian *Belajar* dengan cara yang tepat sama seperti Anda.

"Ajukan pertanyaan, baca ayat kitab suci bersama, dan jawab pertanyaan sebagaimana saya lakukan untuk Anda.

- Setelah pembelajar melakukan praktek melatih satu sama lain, mintalah mereka mencari pasangan baru lalu praktek lagi. Mintalah pembelajar untuk mengingat seseorang yang akan mereka bagikan pelajaran ini di luar pelatihan.

"Pikirkan sejenak kepada siapa pelajaran ini bisa diajarkan di luar pelatihan ini. Tulis nama orang itu pada bagian atas halaman pertama pelajaran ini."

Penutup

Ini merupakan waktu pelayanan yang penuh arti. Jika waktu kalian terbatas, kalian bisa menempatkan bagian ini pada awal pelajaran berikutnya atau pada kesempatan lain. Anda bisa juga memakai bagian ini jika kelompok Anda ingin mempunyai waktu devosi pada malam hari dalam situasi seminar.

Yesus Ada Di Sini ∞

—Ibr 13:8— Yesus Kristus tetap sama! Baik kemarin, hari ini dan sampai selama-lamanya. (BIS)

—Mat 15:30-31— Kemudian orang banyak berbondong-bondong datang kepada-Nya membawa orang lumpuh, orang buta, orang timpang, orang bisu dan banyak lagi yang lain, lalu meletakkan mereka pada kaki Yesus dan Ia menyembuhkan mereka semuanya. Orang banyak itu pun takjub melihat orang bisu berkata-kata, orang timpang sembuh, orang lumpuh berjalan, orang buta melihat, dan mereka memuliakan Allah Israel. (TB)

—Yoh 10:10— Pencuri datang hanya untuk mencuri, untuk membunuh dan untuk merusak. Tetapi Aku datang supaya manusia mendapat hidup —hidup berlimpah-limpah.

"Dalam Ibr 13:8, Kitab Suci menyatakan bahwa Yesus tetap sama baik kemarin, hari ini, dan sampai selamanya.

"Dalam Mat 15:30, Kitab Suci menyatakan bahwa Yesus menyembuhkan banyak orang yang menderita macam-macam penyakit.

"Dalam Yoh 10:10, Kitab Suci menyebutkan bahwa setan datang untuk membunuh, mencuri, dan merusak, tetapi Yesus datang untuk memberi kita hidup berlimpah.

"Bahkan, kita tahu bahwa Yesus ada di sini dan menyertai kita saat ini. Jika di dalam dirimu ada bagian yang butuh penyembuhan, Ia mau menyembuhkannya sekarang juga seperti yang diperbuat-Nya dalam Matius 15. Setan ingin membunuh dan merampas dari Anda, sebaliknya Yesus ingin memberi kepadamu kehidupan yang berkelimpahan.

"Mungkin Anda dapat menghubungkan secara spiritual dengan seseorang di dalam Matius pasal 15 ayat 30. "Apakah Anda kuat dalam perjalananmu bersama Yesus, atau setan telah membuatmu pincang?"

🖐 Berjalan pincang di sekitar ruang.

"Yesus ada di sini. Mintalah kepada-Nya, dan Ia akan menyembuhkan kalian sehingga dapat melangkah bersama-Nya lagi.

"Dapatkah kalian lihat di mana Allah sedang berkarya, atau setan telah membutakan mata kalian dengan keputus-asaan?"

🖐 Tutup mata dengan tangan Anda.

"Yesus ada di sini. Mintalah kepada-Nya, dan Ia akan menyembuhkan kalian sehingga bisa melihat lagi tempat-Nya berkarya.

"Apakah Anda berbagi kabar baik tentang Yesus dengan semua yang ada di sekeliling Anda, atau bisukah Anda?"

✋ Tutup mulut dengan tangan Anda.

"Yesus ada di sini. Mintalah kepada-Nya, dan Ia akan menyembuhkan Anda sehingga dapat memberitakan lagi tentang Dia dengan berani."

"Apakah Anda membantu orang lain, ataukah setan telah melukai Anda sampai-sampai tidak bisa lagi memberi?"

✋ Papah tangan Anda seolah terluka berat.

"Yesus ada di sini. Mintalah kepada-Nya, dan Ia akan menyembuhkan Anda sehingga dapat meninggalkan masa lalu dan melangkah bersama-Nya lagi.

"Apakah Anda punya masalah dalam hidup yang menghalangi Anda mengikuti Yesus dengan sepenuh hati?

"Apa pun kemalanganmu, Yesus ada di sini saat ini dan mampu menyembuhkanmu. Berserulah kepada Yesus, biarkan Dia menyembuhkanmu, sehingga nama Allah dimuliakan.

- Mintalah semua pasangan untuk saling mendoakan, dengan meminta Yesus menyembuhkan mereka dari segala hal yang menghalangi mereka untuk mengikuti-Nya dengan sepenuh hati.

7

Pergilah!

Pergilah memperkenalkan Yesus sebagai Pencari. Pencari menelusuri tempat-tempat baru, mencari orang-orang hilang, dan kesempatan baru. Bagaimana Yesus memutuskan ke tempat mana Ia akan pergi dan melayani? Ia tidak melakukannya sendiri; Ia mencari tahu di mana Allah sedang berkarya; Ia bergabung dengan Allah; dan Ia tahu bahwa Allah mengasihi-Nya dan akan menunjukkan kepada-Nya. Bagaimana seharusnya kita memutuskan ke mana kita akan melayani?—dengan cara yang sama seperti dilakukan Yesus.

Di mana Allah sedang berkarya? Dia berkarya di antara kaum miskin, para tawanan, orang sakit, dan tertindas. Tempat lain di mana Allah sedang berkarya adalah keluarga kita. DIA ingin menyelamatkan seluruh keluarga kita. Pembelajar memetakan pelbagai orang dan lokasi, tempat Allah sedang berkarya, pada gambar Peta Kisah Para Rasul 29.

Memuji Tuhan

- Mintalah seseorang memohon kehadiran dan berkat Tuhan.
- Nyanyikan dua lagu koor atau madah pujian bersama.

Berdoa

- Upayakan agar pembelajar berpasangan dengan seseorang yang belum pernah menjadi pasangannya.
- Tiap pembelajar berbagi dengan pasangannya jawaban atas pertanyaan berikut ini:

    1. Bagaimana kita dapat mendoakan orang-orang yang hilang yang Anda tahu akan diselamatkan?
    2. Bagaimana kita dapat berdoa bagi kelompok yang sedang Anda latih?

- Jika seorang pasangan belum mulai melatih seorang pun, berdoalah bagi orang-orang potensial di dalam lingkungan pengaruhnya yang bisa mulai melatih.
- Semua pasangan berdoa bersama.

Belajar

Tinjauan Ulang

Tiap sesi tinjauan ulang, formatnya sama. Mintalah pembelajar berdiri dan mengucapkan pelajaran yang sudah dipelajari. Pastikan mereka melakukan isyarat tangan pula. Tinjau ulang keempat pelajaran terakhir.

Apa Artinya Delapan Citra Yang Membantu Kita Mengikuti Yesus?

Prajurit, Pencari, Gembala, Penabur, Anak, Yang Kudus, Pelayan, Bendahari

Mengasihi

Tiga hal apa yang dilakukan gembala?
Perintah apa yang paling penting untuk diajarkan kepada orang lain?
Dari mana datangnya kasih?
Apa artinya Ibadat Sederhana?
Mengapa kita harus Beribadat Sederhana?
Perlu berapa orang untuk Ibadat Sederhana?

Berdoa

Tiga hal apa yang dilakukan orang kudus?
Bagaimana seharusnya kita berdoa?
Bagaimana Allah akan menjawab kita?
Berapa nomor telepon Allah?

Patuh

Tiga hal apa yang dilakukan pelayan?
Siapa yang memiliki kuasa paling tinggi?
Empat perintah apa yang diberikan Yesus kepada setiap orang beriman?
Bagaimana seharusnya kita patuh pada Yesus?
Empat perintah apa yang diberikan Yesus kepada setiap orang beriman?

Berjalan

Tiga hal apa yang dilakukan anak?
Dari mana asal kekuatan dalam pelayanan Yesus?
Yesus menjanjikan apa kepada orang beriman tentang Roh Kudus sebelum penyaliban?
Yesus menjanjikan apa kepada orang beriman tentang Roh Kudus sesudah kebangkitan-Nya?
Empat perintah apa yang harus dipatuhi menyangkut Roh Kudus?

Yesus itu Seperti Apa?

–Luk 19:10– Sebab Anak Manusia datang untuk mencari dan menyelamatkan yang hilang." (TB)

"Yesus adalah Pencari. IA mencari orang-orang yang hilang. IA pun lebih dahulu mencari kehendak Allah dan kerajaan Allah dalam hidup-Nya.

> **Pencari**
> Tengok ke belakang dan ke depan dengan tangan di atas mata.

Tiga Hal Apa yang Dilakukan Pencari?

–Mrk 1:37, 38– Ketika mereka menemukan-Nya, mereka berkata kepada-Nya:"Semua orang mencari Engkau!" Jawab-Nya, "Marilah kita pergi ke tempat lain, ke kota-kota sekitar ini, supaya di sana juga Aku memberitakan Injil, karena untuk itu Aku telah datang."

1. Pencari suka menemukan tempat-tempat baru.
2. Pencari suka menemukan orang-orang yang hilang.
3. Pencari suka menemukan kesempatan baru.

"Yesus adalah pencari, dan tinggal di dalam kita. Bila mengikuti-Nya, kita akan menjadi pencari pula.

Bagaimana Yesus Memutuskan Ke mana Ia Akan Melayani?

–Yoh 5:19, 20– Lalu Yesus menjawab mereka, "Sesungguhnya Aku berkata kepadamu, Anak tidak dapat mengerjakan

sesuatu dari diri-Nya sendiri, jikalau Ia tidak melihat Bapa mengerjakannya; sebab apa yang dikerjakan Bapa, itu juga yang dikerjakan Anak. Sebab Bapa mengasihi Anak dan Ia menunjukkan kepada-Nya segala sesuatu yang dikerjakan-Nya sendiri, bahkan Ia akan menunjukkan kepada-Nya pekerjaan-pekerjaan yang lebih besar lagi daripada pekerjaan-pekerjaan itu, sehingga kamu menjadi heran.

"Yesus berkata, "Aku tidak mengerjakan sesuatu dari diri-Ku sendiri.'"

🖐 Letakkan satu tangan di dada dan gelengkan kepala, 'tidak'.

"Yesus berkata, 'Aku mencari tahu tempat Allah sedang berkarya."

🖐 Letakkan satu tangan di atas mata; tengok kiri-kanan.

"Yesus berkata, "Di mana IA sedang bekerja, Aku bergabung dengan-Nya."

🖐 Unjuk tangan ke suatu tempat di depan Anda dan anggukkan kepala, ya.

"Yesus berkata, 'Dan Aku tahu IA mengasihi-Ku dan akan memperlihatkannya kepada-Ku.'"

🖐 Angkat kedua tangan ke atas membentuk syukur pujian lalu silangkan di dada.

Bagaimana Seharusnya Kita Putuskan Ke Mana Kita Akan Melayani?

—1Yoh 2:5, 6— Tetapi orang yang taat kepada perkataan Allah, orang itu mengasihi Allah dengan sempurna. Itulah tandanya bahwa kita hidup bersatu dengan Allah. Barangsiapa berkata bahwa ia hidup bersatu dengan Allah, ia harus hidup mengikuti jejak Kristus. (TB)

"Kita putuskan ke mana kita akan melayani dengan mengikuti jejak Yesus:

"Aku tidak mengerjakan sesuatu dari diri-Ku sendiri."

> Letakkan satu tangan di dada dan gelengkan kepala, 'tidak'.

"Aku mencari tahu tempat Allah sedang berkarya."

> Letakkan satu tangan di atas mata; tengok kiri-kanan.

"Di mana IA sedang bekerja, Aku bergabung dengan-Nya."

> Unjuk tangan ke suatu tempat di depan Anda dan angguk kepala, ya.

"Dan Aku tahu IA mengasihi-Ku dan akan memperlihatkannya kepada-Ku."

> Angkat kedua tangan ke atas membentuk syukur pujian lalu silangkan di dada.

Bagaimana Kita Bisa Tahu Kalau Allah sedang Berkarya?

—Yoh 6:44— Tidak ada seorang pun yang dapat datang kepada-Ku, jikalau ia tidak ditarik oleh Bapa yang mengutus Aku, dan ia akan Kubangkitkan pada akhir zaman.

"Jika seseorang tertarik untuk belajar mengenal Yesus lebih baik, itu berarti Allah sedang berkarya. Yohanes 6:44 mengatakan bahwa hanya Allah yang bisa membawa orang kepada diri-Nya sendiri. Kita bertanya, menabur benih rohani, dan menanti kalau-kalau ada yang tanggap. Jika mereka tanggap, kita tahu bahwa Allah sedang berkaryaDi mana Yesus Sedang Berkarya?

Where is Jesus Working?

—Luk 4:18-19— Roh Tuhan ada pada-Ku, oleh sebab Ia telah mengurapi Aku, untuk menyampaikan kabar baik kepada orang-orang miskin; dan Ia telah mengutus Aku untuk memberitakan pembebasan kepada orang-orang tawanan, dan penglihatan bagi orang-orang buta, untuk membebaskan orang-orang yang tertindas, untuk memberitakan tahun rahmat Tuhan telah datang." (BIS)

1. Orang miskin
2. Orang tawanan
3. Orang sakit (buta)
4. Orang tertindas

"Yesus telah melayani dan masih melayani orang-orang seperti ini. Namun demikian, penting untuk diingat: Ia tidak melayani setiap orang miskin, atau setiap orang tertindas. Dengan upaya kita sendiri, kita ingin membantu setiap orang. Yesus mencari tahu di mana Allah Bapa bekerja dan bergabung dengan-Nya. Kita perlu melakukan yang sama. Jika kita mencoba melayani setiap orang tertindas, jelas itu berarti kita sedang mencoba melakukannya dari diri sendiri.

Di Tempat Lain Mana Yesus sedang Berkarya?

"Tahukah Anda bahwa Allah mengasihi seluruh keluarga kalian? Adalah kehendak-Nya bahwa mereka semua diselamatkan dan ambil bagian dalam keabadian bersama Dia. Ada banyak contoh dalam Alkitab tentang Allah menyelamatkan seluruh keluarga:"

Orang Yang Kerasukan Roh Jahat—Markus 5

"Orang yang kerasukan roh jahat telah berubah secara radikal. Ia ingin mengikuti Yesus, tetapi Yesus menyuruhnya kembali kepada keluarganya dan menceritakan apa yang terjadi. Banyak orang di kota-kota sekitarnya merasa heran atas apa yang telah dilakukan Yesus. Apabila Allah menyelamatkan satu orang, IA ingin menyelamatkan banyak orang lain di sekitarnya."

Kornelius—Kis 10

"Allah memberitahukan Petrus untuk berbicara dengan Kornelius. Ketika Petrus berbicara, Roh Kudus turun ke atas Kornelius dan semua orang yang mendengar pemberitaan itu. Kornelius menjadi percaya, sebagaimana semua orang yang hadir di situ pun percaya."

Kepala Penjara di Filipi—Kisah Para Rasul 16

"Paulus dan Silas tetap di dalam penjara walaupun gempa bumi menyebabkan pintu-pintu penjara terbuka. Kepala penjara takjub akan hal ini dan menjadi percaya kepada Tuhan Yesus. Demikian pula, Allah telah menyelamatkan seisi rumahnya.

"Jangan pernah berhenti percaya dan berdoa bahwa setiap orang di dalam keluargamu akan diselamatkan dan ikut ambil bagian dalam keabadian bersama-sama!"

Ayat Hafalan

> —Yoh 12:26— *Siapa saja yang melayani Aku, ia harus mengikuti Aku dan di mana Aku berada, di situ pun pelayan-Ku akan berada. Siapa saja yang melayani Aku, ia akan dihormati Bapa.(TB)*

- Setiap orang berdiri dan mengucapkan ayat hafalan ini sepuluh kali bersama-sama. Enam kali pertama, pembelajar membaca dari Alkitab atau catatan. Empat kali terakhir, mereka mengucapkannya di luar kepala. Pembelajar harus menyebut ayat rujukan sebelum tiap kali mengutip isi ayat, dan kembali duduk setelah selesai.
- Ini akan membantu pelatih mengetahui siapa yang menyelesaikan pelajaran dalam bagian "Praktek."

PRAKTEK

- Mintalah pembelajar duduk menghadap pasangan doa mereka dalam sesi ini. Tiap pasangan secara bergiliran saling mengajar.

"Orang yang *punya adik/kakak paling banyak* di antara pasangan berperan sebagai pemimpin."

- Ikuti *Proses Pelatihan Pelatih* pada halaman 21.
- Tekankan bahwa Anda ingin agar mereka mengajarkan segalanya dalam bagian *Belajar* dengan cara yang tepat sama seperti Anda.

"Ajukan pertanyaan, baca ayat kitab suci bersama, dan jawab pertanyaan sebagaimana saya lakukan untuk Anda.

- Setelah pembelajar melakukan praktek melatih satu sama lain, mintalah mereka mencari pasangan baru lalu praktek lagi. Mintalah pembelajar untuk mengingat seseorang yang akan mereka bagikan pelajaran ini di luar pelatihan.

"Pikirkan sejenak kepada siapa pelajaran ini bisa diajarkan di luar pelatihan ini. Tulis nama orang itu pada bagian atas halaman pertama pelajaran ini."

Penutup

Peta Kisah Para Rasul 29 – Bagian 2 ⌘

Pada Peta Kisah Para Rasul 29, lukiskan dan beri label pada tempat-tempat Yesus sedang berkarya. Tentukan sedikitnya lima tempat pada peta, beri tanda silang (X) pada tiap tempat yang menurut Anda Yesus sedang berkarya di situ. Beri label singkat tentang bagaimana Allah sedang berkarya di wilayah itu.

8

Berbagi

Berbagi memperkenalkan Yesus sebagai Prajurit. Prajurit melawan musuh, tahan terhadap keadaan sulit, dan membebaskan tawanan. "Yesus adalah Prajurit; apabila mengikuti Dia, kita akan menjadi prajurit pula.

Begitu kita bersatu dengan Allah di tempat-Nya berkarya, kita mengalami peperangan rohani. Bagaimana orang beriman mengalahkan setan? Kita mengalahkan setan dengan kematian Yesus di Salib, berbagi kesaksian kita, dan tidak takut mati demi iman kita.

Yang termasuk kesaksian yang berpengaruh antara lain berbagi cerita tentang kehidupan saya sebelum bertemu dengan Yesus, bagaimana saya bertemu Yesus, dan perbedaan yang terjadi dalam hidup saya karena berjalan bersama Yesus. Kesaksian semakin efektif jika kita membatasi waktu cukup sekitar tiga atau empat menit; kalau kita tidak bercerita soal umur saat menjadi kristen (karena umur tidak penting); dan apabila kita menggunakan bahasa yang mudah dimengerti oleh orang-orang tidak beriman.

Sesi ini berakhir dengan lomba menulis-cepat nama 40 orang tidak beriman yang dikenalnya. Hadiah diberikan kepada pemenang pertama, kedua, dan ketiga, tetapi pada dasarnya setiap orang menerima hadiah karena kita semua adalah "pemenang" apabila kita mengetahui cara-cara memberi kesaksian.

MEMUJI TUHAN

- Mintalah seseorang memohon kehadiran dan berkat Allah.
- Nyanyikan dua lagu koor atau madah pujian bersama.

BERDOA

- Upayakan agar pembelajar berpasangan dengan orang yang belum pernah menjadi pasangannya.
- Tiap pembelajar berbagi dengan pasangannya jawaban atas pertanyaan berikut ini:

    1. Bagaimana kita dapat mendoakan orang-orang yang hilang yang Anda tahu akan diselamatkan?
    2. Bagaimana kita dapat berdoa bagi kelompok yang sedang Anda latih?

- Jika seorang pasangan belum mulai melatih seorang pun, berdoalah bagi orang-orang potensial di dalam lingkungan pengaruhnya yang bisa mulai melatih.
- Semua pasangan berdoa bersama.

BELAJAR

Tinjauan Ulang

Tiap sesi tinjauan ulang, formatnya sama. Mintalah pembelajar berdiri dan mengucapkan pelajaran yang sudah dipelajari. Pastikan mereka melakukan isyarat tangan pula. Tinjau ulang keempat pelajaran terakhir.

Apa Artinya Delapan Citra Yang Membantu Kita Mengikuti Yesus?
Prajurit, Pencari, Gembala, Penabur, Anak, Yang Kudus, Pelayan, Bendahari

Berdoa
Tiga hal apa yang dilakukan orang kudus?
Bagaimana seharusnya kita berdoa?
Bagaimana Allah akan menjawab kita?
Berapa nomor telepon Allah?

Patuh
Tiga hal apa yang dilakukan pelayan?
Siapa yang memiliki kuasa paling tinggi?
Empat perintah apa yang diberikan Yesus kepada setiap orang beriman?
Bagaimana seharusnya kita patuh pada Yesus?
Empat perintah apa yang diberikan Yesus kepada setiap orang beriman?

Berjalan
Tiga hal apa yang dilakukan anak?
Dari mana asal kekuatan dalam pelayanan Yesus?
Yesus menjanjikan apa kepada orang beriman tentang Roh Kudus sebelum penyaliban?
Yesus menjanjikan apa kepada orang beriman tentang Roh Kudus sesudah kebangkitan-Nya?
Empat perintah apa yang harus dipatuhi menyangkut Roh Kudus?

Pergilah!
Tiga hal apa yang dilakukan pencari?
Bagaimana Yesus memutuskan ke mana Ia akan melayani?
Bagaimana seharusnya kita putuskan ke mana kita akan melayani?
Bagaimana kita bisa tahu kalau Allah sedang berkarya?
Di mana Yesus sedang berkarya?
Di tempat lain mana Yesus sedang berkarya?

Yesus itu Seperti Apa?

—Mat 26:53– Kaukira Aku tidak dapat minta tolong kepada Bapa-Ku, dan Ia dengan segera akan mengirim lebih dari dua belas pasukan tentara malaikat? (BIS)

"Yesus adalah Prajurit. Dia bisa memanggil 12 pasukan tentara malaikat untuk membela-Nya karena Ia adalah Panglima Tertinggi pasukan Allah. Dia berperang melawan setan dalam peperangan rohani dan akhirnya mengalahkan iblis ini di atas Salib."

Prajurit
 Seolah mengacungkan pedang.

Tiga Hal Apa yang Dilakukan Prajurit?

—Mrk 1:12-15– Segera sesudah itu Roh memimpin Dia ke padang gurun. Di padang gurun itu selama empat puluh hari Ia dicobai oleh Iblis. Ia tinggal bersama dengan binatang-binatang liar dan malaikat-malaikat melayani Dia. Sesudah Yohanes ditangkap datanglah Yesus ke Galilea memberitakan Injil Allah. Kata-Nya, "Saatnya telah genap! Kerajaan Allah sudah dekat. Bertobatlah dan percayalah kepada Injil!" (TB)

1. Prajurit melawan musuh.

    "Yesus melawan musuh dan menang."

2. Prajurit mengalami kesukaran.

    "Yesus menderita banyak hal sewaktu masih di Bumi."

3. Prajurit membebaskan orang tawanan.

"Kerajaan Yesus datang untuk membebaskan manusia."

Yesus adalah Prajurit. Dia mengepalai pasukan Allah dan terlibat dalam peperangan rohani melawan setan. Yesus meraih kemenangan jaya demi kita di atas Salib. Karena Yesus tinggal di dalam kita, kita akan menjadi prajurit yang menang jaya pula. Kita akan bertarung dalam peperangan rohani, mengalami kesulitan demi menyenangkan hati Panglima kita, dan membebaskan orang-orang tawanan.

Bagaimana Orang Beriman Mengalahkan Setan?

—Why 12:11— Mereka mengalahkan dia oleh darah Anak Domba, dan oleh perkataan kesaksian mereka. Karena mereka tidak mengasihi nyawa mereka sampai harus menghadapi maut. (TB)

OLEH DARAH ANAK DOMBA

"Kita mengalahkan setan oleh karena darah Yesus yang tercurah di atas Salib. Melalui Dia dan karya-karya-Nya, kita menjadi lebih dari sekadar penakluk.

> **Darah Anak Domba**
> ✋ Tunjuk ke telapak tangan dengan jari tengah
> –bahasa lambang untuk penyaliban.

"Sewaktu menghadapi peperangan rohani, ingat bahwa Yesus telah mengalahkan setan di Salib! Setan gemetar, menangis tersedu-sedu, dan menjerit ketakukan setiap kali melihat Yesus. Setan memohon supaya Yesus menjauh darinya.

"Kabar Baiknya bahwa Yesus tinggal di dalam kita. Karena itu, bilamana setan melihat Yesus di dalam kita, setan mulai gemetar ketakutan. Seperti bayi ia menjerit! Setan adalah musuh taklukan oleh karena tindakan Yesus di Salib! Jangan lupa yang satu ini: apa pun kesulitan yang dialami, kita akan menang! Kita akan menang! Kita pasti menang!

KESAKSIAN KITA

"Kita taklukkan setan dengan senjata ampuh yakni kesaksian kita. Tidak seorang pun dapat mendebat kesaksian tentang perbuatan Yesus dalam hidup kita. Kita bisa memakai senjata ini kapan pun dan di mana pun."

Kesaksian
 Corongkan tangan di sekitar mulut seolah sedang berbicara kepada seseorang.

BERANI MATI

"Kita memiliki jaminan hidup kekal bersama Allah. Bersama Dia di Surga memang lebih baik, tetapi kita perlu ada di sini untuk menyebarluaskan Kabar Baik. Kita tidak bisa kalah!"

Berani mati
 Tempelkan pergelangan tangan, seolah sedang diborgol.

Apa Artinya Garis Besar Kesaksian Yang Berpengaruh?

HIDUPKU SEBELUM BERJUMPA DENGAN YESUS

Sebelum
✋ Tunjuk ke sisi kiri depan Anda.

"Jelaskan, seperti apa kehidupan Anda sebelum menjadi orang beriman. Jika Anda bertumbuh dalam keluarga Kristen, orang bukan Kristen akan tertarik untuk mendengar seperti apa keluarga Kristen itu."

BAGAIMANA SAYA BERJUMPA DENGAN YESUS

Bagaimana
✋ Tunjuk tepat di tengah-depan Anda.

"Jelaskan bagaimana Anda akhirnya percaya dan mengikuti Yesus."

HIDUPKU SEJAK BERJUMPA DENGAN YESUS

✋ Hadap ke sisi kanan dan gerakkan tangan ke atas dan ke bawah.

Jelaskan bagaimana rasanya mengikuti Yesus sejak Anda masuk kristen dan apa makna hubungan Anda dengan-Nya.

AJUKAN PERTANYAAN SEDERHANA

Maukah kalian mendengar lebih tentang mengikuti Yesus?" Ini adalah bentuk lain dari pertanyaan 'Apakah Allah sedang berkarya?'"

> ✋ Tunjuk ke pelipis Anda –seolah sedang memikirkan suatu pertanyaan.

"Jika mereka katakan 'ya,' berarti Allah sedang berkarya dalam situasi ini. Hanya Allah satu-satunya yang menarik orang kepada diri-Nya. Pada titik ini, berikan kesaksian lebih banyak tentang mengikuti Yesus.

"Jika mereka katakan 'tidak', berarti Allah sedang berkarya, namun mereka belum siap menanggapi-Nya. Mintalah kepada mereka sekiranya Anda bisa memohonkan berkat bagi mereka, berdoa, lalu terus bersaksi."

Apa Saja Pedoman Yang Penting Untuk Diikuti?

BATASI KESAKSIAN AWAL SELAMA TIGA SAMPAI EMPAT MENIT

"Ada banyak orang yang tersesat di dunia ini; dengan membatasi kesaksian, Anda bisa melihat siapa yang tanggap dan siapa yang tidak. Yang terpenting, ikuti bimbingan Roh Kudus. Orang yang baru percaya merasa lebih nyaman kalau mendengar sharing cukup hanya tiga atau empat menit dan bukan tiga atau empat *jam!*"

JANGAN SEBUTKAN UMUR ANDA SAAT MENJADI ORANG BERIMAN

"Umur Anda ketika menjadi pengikut Yesus tidak begitu penting, malahan dapat menimbulkan kesan yang keliru dalam diri orang yang belum percaya ketika Anda berbagi kesaksian Anda. Jika umur mereka lebih muda daripada umur Anda saat menjadi pengikut Yesus, mereka mungkin berpikir bisa menunggu hingga umurnya sama seperti Anda kala itu. Jika mereka lebih tua dari umur Anda saat menjadi pengikut Yesus, mereka mungkin berpikir telah menyia-nyiakan kesempatan. Kitab Suci katakan bahwa *saat inilah* saat keselamatan. Mengisahkan umur Anda saat masuk Kristen biasanya hanya menciptakan kebingungan."

HINDARI BAHASA KRISTIANI

"Setelah mereka menjadi orang beriman walaupun masih baru, mereka mulai memungut istilah-istilah yang dipakai orang-orang Kristen lainnya. Kata-kata seperti 'dibasuh dalam darah Darah Anak Domba', atau 'menuju altar perkawinan', atau "Saya berbicara kepada penatua" terdengar sebagai ungkapan yang asing bagi mereka. Kita menggunakan sesedikit mungkin ungkapan Kristen, sehingga mereka yang mendengar kesaksian kita dapat memahami Kabar Baik sejelas mungkin.

Ayat Hafalan

1Kor 15:3-4— Kabar yang saya sampaikan kepada kalian adalah kabar yang juga saya terima, bukan dari saya sendiri. Yang terpenting dari kabar itu ialah bahwa Kristus mati untuk menghapuskan dosa-dosa kita. Itu sudah ditulis di dalam Kitab Suci…

- Setiap orang berdiri dan mengucapkan ayat hafalan ini sepuluh kali bersama-sama. Enam kali pertama, pembelajar membaca dari Alkitab atau catatan. Empat kali terakhir, mereka mengucapkannya di luar kepala. Pembelajar harus menyebut ayat rujukan sebelum tiap kali mengutip isi ayat, dan kembali duduk setelah selesai.

PRAKTEK

- Sampaikan kepada pembelajar agar menuliskan kesaksian mereka di dalam buku catatan dengan mengikuti garis besar yang sudah Anda jelaskan. Katakan bahwa waktunya 10 menit, lalu Anda akan meminta seseorang dalam kelompok memberikan kesaksian.
- Setelah 10 menit, mintalah pembelajar berhenti menulis. Katakan bahwa Anda akan meminta seseorang untuk memberikan kesaksian kepada kelompok yang ada. Jeda beberapa detik. Lalu, sampaikan bahwa kini Anda akan bersaksi. Akan ada banyak kelegaan!
- Bagikan kesaksian Anda sesuai garis besar dan pedoman di atas. Di akhir kesaksian Anda, tinjau kembali seluruh garis besar dan pedoman satu demi satu, lalu tanyakan pembelajar apakah cara bersaksi Anda sudah benar.
- Selama bagian "Praktek" pada pelajaran ini, Anda akan menggunakan stop watch (atau arloji, jam dinding) untuk menghitung jatah waktu pembelajar. Tempatkan pembelajar secara berpasangan dan katakan bahwa mereka punya waktu tiga menit untuk bersaksi.

"Orang yang bersuara paling keras akan jadi pemimpin, dan pertama kali memberi kesaksian."

- Perhatikan jatah waktu orang pertama dalam pasangan dan katakan "stop" pada menit ketiga. Tanyakan kepada pembelajar apakah pasangannya sudah mengikuti garis besar dan menerapkan empat pedoman kesaksian yang berpengaruh. Lalu, mintalah orang kedua dalam pasangan untuk berbagi kesaksian mereka selama tiga menit. Lagi, mintalah umpan balik dari pembelajar.
- Jika kedua pasangan sudah berbagi, arahkan pembelajar untuk mencari pasangan baru, tentukan siapa yang bersuara paling keras, lalu lakukan lagi praktek berbagi kesaksian. Usahakan agar membentuk pasangan baru dari kelompok yang ada, sedikitnya empat kali.
- Setelah mengajar satu sama lain, mintalah pembelajar untuk mengingat seseorang yang akan mereka bagikan pelajaran ini setelah pelatihan. Mintalah mereka menuliskan nama orang itu pada bagian atas halaman pertama pelajaran.

Garam dan Gula ⌘

Gunakan ilustrasi ini selama salah satu sesi umpan-balik untuk menekankan pentingnya berbagi dengan tulus.

> "Buah yang matang dan segar selalu lezat! Rasanya manis dan menyenangkan! Ketika ingat buah nenas, yang kuning dan manis, saya menelan ludah.

> "Saya tahu kalau Anda bisa menghasilkan buah yang bahkan terasa lebih lezat! Tambahkan sedikit gula, garam, atau cabe. Hmmmm! Benar-benar lezat! Saya bisa mengecapnya sekarang!

> "Dengan cara yang sama, bila Anda mengajarkan suatu pelajaran atau memberitakan Kabar Baik, Firman Allah senantiasa nikmat, persis seperti buah yang matang dan

segar. Kita hendaknya mengecap dan mengerti bahwa Tuhan itu baik adanya. Kendati demikian, ketika Anda berbagi dengan tulus hati, akan terasa seperti adanya tambahan gula, garam atau cabe pada buah. Rasanya sangat lezat!

"Jadi, jika pada waktu berikut Anda membagikannya dengan pasangan, saya ingin Anda bubuhkan banyak garam, gula, atau cabe pada perkataan kesaksian Anda."

Penutup

Siapa Yang Bisa Paling Cepat Mendaftarkan Empat Puluh Orang Yang Hilang? ∞

- Mintalah tiap orang mengambil buku catatannya dan menuliskan nomor 1 sampai 40.

  "Kita akan berlomba. Akan ada hadiah untuk pemenang pertama, kedua dan ketiga."

- Katakan kepada mereka bahwa jika Anda berseru "Mulai!", mereka harus menuliskan nama 40 orang bukan kristen yang dikenalnya. Jika mereka lupa namanya, mereka boleh menuliskan sesuatu misalnya, "tukang cukur", atau "tukang pos," dsb. Pastikan tidak ada yang memulai sebelum aba-aba "Mulai!"
- Ada yang akan mulai sementara Anda memberi petunjuk. Karena itu sebaiknya Anda meminta pembelajar mengangkat pena mereka sementara Anda memberi petunjuk.

- Berikan aba-aba 'Mulai' dan ajaklah pembelajar berdiri apabila sudah menyelesaikan daftar mereka. Berikan hadiah kepada pemenang 1, 2 dan 3.

"Ada dua alasan mengapa orang beriman tidak dapat berbagi iman mereka: mereka tidak tahu caranya, dan tidak tahu kepada siapa akan berbagi Kabar Baik. Dalam pelajaran ini, sudah kita atasi kedua masalah ini. Sekarang kalian sudah mengetahui cara memberitakan Injil dan punya daftar orang-orang untuk berbagi.

- Mintalah pembelajar untuk memberi tanda bintang di samping nama lima orang dalam daftar. Kepada mereka, pembelajar akan berbagi kesaksian. Ajaklah mereka melakukannya selama minggu berikutnya.

"Perhatikan tangan Anda. Lima jari Anda bisa menjadi pengingat untuk lima orang yang hilang, yang bisa Anda doakan setiap hari. Ketika mencuci piring, menulis, mengetik di komputer, biarkan lima jari itu mengingatkan Anda untuk berdoa.

- Mintalah pembelajar untuk menggunakan waktu dengan berdoa sebagai satu persekutuan bagi mereka yang tercantum dalam daftar orang yang hilang.
- Setelah berdoa, bagikan manisan kepada setiap orang sebagai hadiah, sambil berkata, "Sekarang, kita semua adalah pemenang karena kita sudah tahu cara-cara memberitakan Kabar Baik, juga kepada siapa kita akan berbagi dalam kehidupan kita."

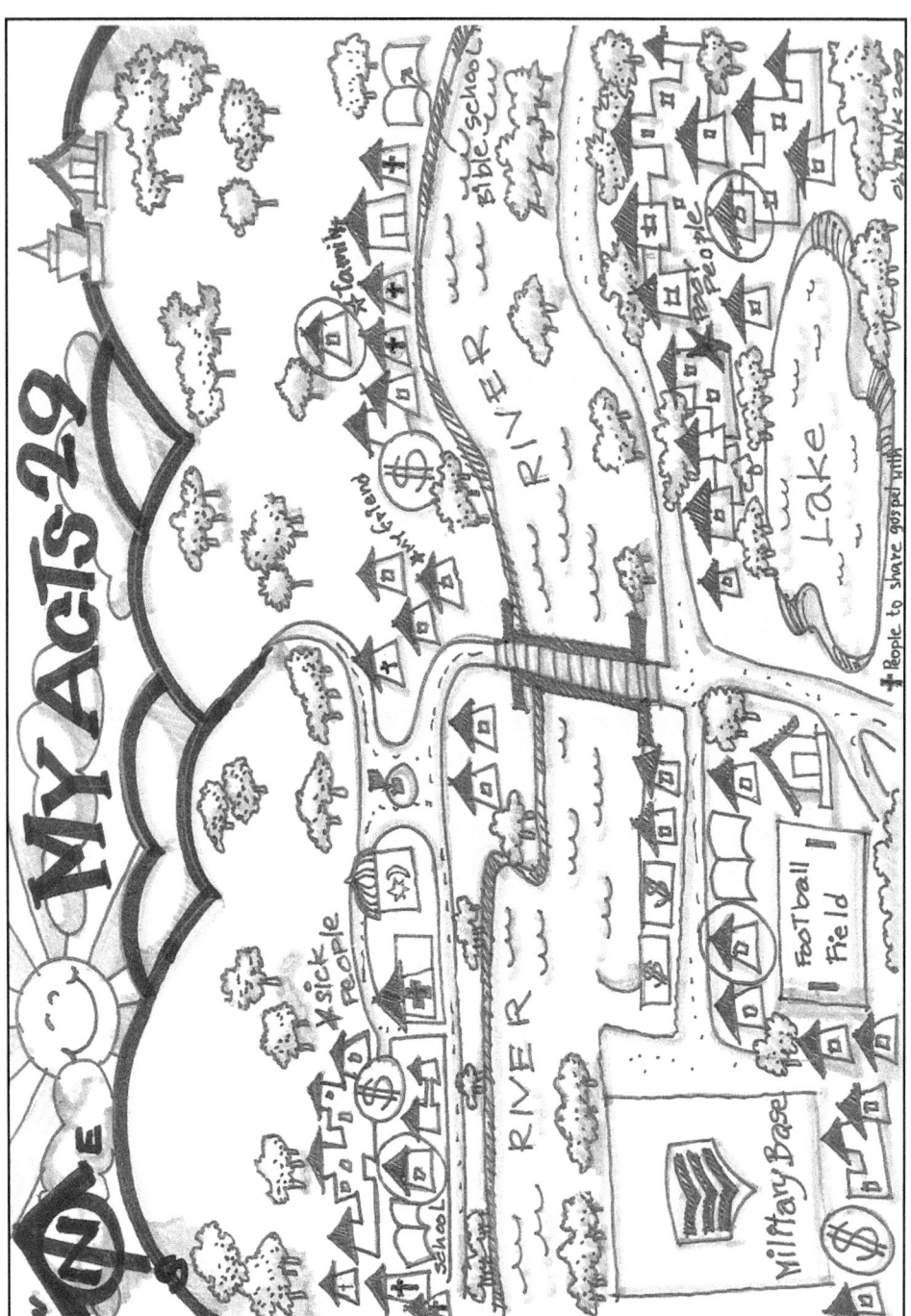

9

Menabur

Menabur memperkenalkan Yesus sebagai Penabur:penabur menyemai benih, mengurus ladang mereka, dan bersukacita atas panenan besar. Yesus adalah Penabur, dan Dia tinggal di dalam kita; apabila mengikuti Dia, kita akan menjadi penabur pula. Jika kita menabur sedikit, sedikit pula panenan kita. Jika kita menabur banyak, banyak pula panenan kita.

Apa yang seharusnya kita tabur dalam kehidupan orang lain? Hanya kabar sukacita sederhana yang bisa mengubah dan membawa mereka kembali kepada keluarga Allah. Setelah kita tahu bahwa Allah sedang berkarya di dalam hidup seseorang, kita berbagi Kabar Baik dengan mereka. Kita tahu bahwa hanya kuasa Allah yang menyelamatkan mereka.

MEMUJI TUHAN

- Mintalah seseorang memohon kehadiran dan berkat Tuhan.
- Nyanyikan dua lagu koor atau madah pujian bersama.

Berdoa

- Upayakan agar pembelajar berpasangan dengan seseorang yang belum pernah menjadi pasangannya.
- Tiap pembelajar berbagi dengan pasangannya jawaban atas pertanyaan berikut ini:

    1. Bagaimana kita dapat mendoakan orang-orang yang hilang yang Anda tahu akan diselamatkan
    2. Bagaimana kita dapat berdoa bagi kelompok yang sedang Anda latih?

- Jika seorang pasangan belum mulai melatih seorang pun, berdoalah bagi orang-orang potensial di dalam lingkungan pengaruhnya yang bisa mulai melatih.
- Semua pasangan berdoa bersama.

Belajar

Tinjauan Ulang

Tiap sesi tinjauan ulang, formatnya sama. Mintalah pembelajar berdiri dan mengucapkan pelajaran yang sudah dipelajari. Pastikan mereka melakukan isyarat tangan pula. Tinjau ulang keempat pelajaran terakhir.

Apa Artinya Delapan Citra Yang Membantu Kita Mengikuti Yesus?
Prajurit, Pencari, Gembala, Penabur, Anak, Yang Kudus, Pelayan, Bendahari

Patuh
Tiga hal apa yang dilakukan pelayan?
Siapa yang memiliki kuasa paling tinggi?

Empat perintah apa yang diberikan Yesus kepada setiap orang beriman?
Bagaimana seharusnya kita patuh pada Yesus?
Empat perintah apa yang diberikan Yesus kepada setiap orang beriman?

Berjalan
Tiga hal apa yang dilakukan anak?
Dari mana sumber kekuatan dalam pelayanan Yesus?
Yesus menjanjikan apa kepada orang beriman tentang Roh Kudus sebelum penyaliban?
Yesus menjanjikan apa kepada orang beriman tentang Roh Kudus sesudah kebangkitan?
Empat perintah apa yang harus dipatuhi menyangkut Roh Kudus?

Pergilah!
Tiga hal apa yang dilakukan pencari?
Bagaimana Yesus memutuskan ke mana Dia akan melayani?
Bagaimana kita memutuskan ke mana kita akan melayani?
Bagaimana kita bisa tahu kalau Allah sedang berkarya?
Di mana Yesus sedang berkarya?
Di tempat lain mana Yesus sedang berkarya?

Berbagi
Tiga hal apa yang dilakukan prajurit?
Bagaimana kita bisa mengalahkan setan?
Apa artinya garis besar kesaksian yang berpengaruh?
Apa saja pedoman penting untuk diikuti?

Yesus itu Seperti Apa?

—Mat 13:36, 37— Sesudah itu Yesus meninggalkan orang banyak itu, lalu pulang. Murid-murid-Nya datang dan berkata kepada-Nya, "Jelaskanlah kepada kami perumpamaan tentang lalang di ladang itu." Ia menjawab, "Orang yang menaburkan benih baik ialah Anak Manusia…"(TB)

"Yesus adalah Penabur dan Tuan atas panenan."

Penabur
 Menebar benih dengan tangan.

Tiga Hal Apa yang Dilakukan Penabur?

– Mrk 4:26-29– Lalu kata Yesus, "Beginilah hal Kerajaan Allah itu: Seumpama orang yang menaburkan benih di tanah. Pada malam hari ia tidur dan pada siang hari ia bangun. dan benih itu bertunas dan tumbuh, bagaimana terjadinya tidak diketahui orang itu. Bumi dengan sendirinya mengeluarkan buah, mula-mula tangkainya, lalu bulirnya, kemudian butir-butir yang penuh isinya dalam bulir itu. Apabila buah itu sudah cukup masak, orang itu segera menyabit, sebab musim menuai sudah tiba. (TB)

1. Penabur menanam benih yang baik.
2. Penabur merawat ladang mereka.
3. Penabur mengharapkan panenan bagus.

"Yesus adalah Penabur, dan tinggal di dalam kita. Dia menanam benih yang baik di dalam hati kita, sebaliknya setan ingin menanam benih yang buruk. Benih yang ditanam Yesus menuntun ke kehidupan kekal. Jika kita mengikuti-Nya, kita akan menjadi penabur pula. Kita akan menanam benih-benih yang baik dari Injil. Kita akan merawat ladang tempat Allah telah mengutus kita, dan kita mengharapkan hasil panen berlimpah."

Apa artinya Ibadat Sederhana?

–Luk 24:1-7– Pada hari Minggu, pagi-pagi sekali, wanita-wanita itu pergi ke kuburan membawa ramuan yang sudah

mereka sediakan. Di kuburan, mereka mendapati batu penutupnya sudah terguling. Lalu mereka masuk ke dalam kuburan itu, tetapi tidak menemukan jenazah Tuhan Yesus di situ. Sementara mereka berdiri di situ dan bingung memikirkan hal itu, tiba-tiba dua orang dengan pakaian berkilau-kilauan berdiri dekat mereka. Mereka ketakutan sekali, lalu sujud sampai ke tanah, sementara kedua orang itu berkata kepada mereka, "Mengapa kalian mencari orang hidup di antara orang mati? Ia tidak ada di sini. Ia sudah bangkit! Ingatlah apa yang sudah dikatakan-Nya kepadamu sewaktu Ia masih di Galilea. 'Anak Manusia harus diserahkan kepada orang berdosa, lalu disalibkan, dan pada hari yang ketiga Ia akan bangkit.'"

PERTAMA...

"Allah menciptakan dunia yang sempurna."

🖐 Buat lingkaran besar dengan tangan.

"Dia menjadikan manusia bagian dari keluarga-Nya."

🖐 Katupkan tangan.

KEDUA...

"Manusia tidak taat pada Allah dan membawa dosa dan penderitaan ke dalam dunia.

🖐 Angkat kepalan tangan dan seolah mau berkelahi.

"Maka manusia harus keluar dari keluarga Allah."

🖐 Satukan tangan lalu buka kembali lebar-lebar.

KETIGA...

"Allah mengutus Putera-Nya Yesus ke dunia. Dia menjalani hidup sempurna."

> ✋ Angkat kedua tangan di atas kepala lalu buat sebuah gerakan turun.

"Yesus wafat di Salib demi dosa-dosa kita."

> ✋ Pasang jari tengah kiri ke telapak kanan, lalu sebaliknya.

"Dia dimakamkan."

> ✋ Pegang siku kanan Dengan jari tangan kiri lalu gerakkan lengan kanan ke arah belakang seolah sedang dikuburkan.

"Allah membangkitkan Yesus pada hari ketiga."

> ✋ Angkat lengan dengan tiga jari ke atas.

"Allah melihat pengorbanan Yesus demi dosa-dosa kita dan menerima pengorbanan itu."

> ✋ Turunkan kembali ke dua tangan dengan telapak menghadap ke luar. Lalu, angkat lengan Anda dan silangkan di depan dada.

KEEMPAT...

"Mereka yang percaya Yesus adalah Putera Allah dan telah menebus dosa mereka..."

✋ Angkat kedua tangan ke atas seseorang yang kepadanya Anda percaya.

"...pengampunan atas dosa-dosa mereka..."

✋ Telapak tangan ke arah luar menutupi wajah; kepala berpaling.

"... dan memohon untuk diselamatkan..."

✋ Tadahkan tangan.

"...disambut kembali dalam keluarga Allah."

✋ Katupkan kedua tangan.

"Siapkah Anda untuk kembali ke dalam keluarga Allah? Marilah kita berdoa bersama-sama. Sampaikan kepada Allah bahwa Anda percaya Dia menciptakan dunia yang sempurna dan mengutus Putera-Nya untuk mati demi dosa-dosamu. Mohon ampun atas dosa-dosamu, dan mohon pada-Nya agar menerimamu kembali dalam keluarga-Nya."

- *Penting!* Gunakan kesempatan ini untuk memastikan bahwa semua orang yang sedang dilatih adalah sungguh orang-orang beriman. Berikan mereka kesempatan untuk menanggapi pertanyaan, "Siapkah Anda untuk kembali ke dalam keluarga Allah?"
- Ulangi presentasi Injil dengan ringkas beberapa kali bersama pembelajar hingga mereka menguasai urutannya. Sesuai pengalaman kami, kebanyakan orang beriman tidak tahu bagaimana caranya berbagi iman mereka, sehingga manfaatkan waktu untuk memastikan setiap orang benar-benar mengerti arti pemberitaan Injil yang sederhana.

- Bantulah pembelajar menguasai urutan dan isyarat tangan dengan "mengembangkan" pelajaran yang ada. Mulai dengan poin pertama dan ulangi beberapa kali. Lalu, berbagi poin kedua dan ulangi beberapa kali. Lalu, tinjau ulang poin pertama dan poin kedua beberapa kali. Sesudah itu, berbagi poin ketiga dan ulangi beberapa kali. Lalu, berbagi poin pertama, kedua, dan ketiga sekaligus. Akhirnya, ajari pembelajar poin keempat dan tinjau ulang beberapa kali. Pembelajar harus mampu mengulang seluruh urutan dengan isyarat tangan beberapa kali untuk menunjukkan penguasaan mereka.

Ayat Hafalan

> *—Luk 8:15— Benih yang jatuh di tanah yang subur ibarat orang yang mendengar kabar itu, lalu menyimpannya di dalam hati yang baik dan jujur. Mereka bertahan sampai menghasilkan buah.*

- Setiap orang berdiri dan mengucapkan ayat hafalan ini sepuluh kali bersama-sama. Enam kali pertama, pembelajar membaca dari Alkitab atau catatan. Empat kali terakhir, mereka mengucapkannya di luar kepala. Pembelajar harus lebih dahulu menyebut rujukan ayat setiap kali mengutip isi ayat, dan kembali duduk setelah selesai.

PRAKTEK

- MOHON PERHATIAN! Bagian praktek dalam pelajaran 'menabur' tidak sama seperti praktek lainnya.
- Mintalah pembelajar berdiri menghadap pasangan doa mereka. Kedua pembelajar harus bersama-sama mengulang teks Injil ringkas sambil membuat isyarat tangan.

- Apabila pasangan pertama selesai, setiap orang hendaknya mencari pasangan baru, berdiri saling berhadapan, dan mengucapkan kutipan Injil disertai isyarat tangan.
- Setelah pasangan kedua selesai, pembelajar hendaknya terus mencari pasangan baru hingga mereka semua mengucapkan kutipan Injil, disertai isyarat tangan, bersama delapan pasangan.
- Apabila pembelajar sudah selesai dengan delapan pasangannya, mintalah setiap orang untuk mengucapkan kutipan Injil disertai isyarat tangan secara bersama sebagai kelompok. Anda akan takjub karena mereka dapat melakukannya dengan jauh lebih baik setelah praktek sekian banyak kali!

INGATLAH UNTUK MENANAM BENIH INJIL!

Ingat, tanam benih injil! Jika kalian tidak menanam benih, tidak akan ada panenan. Jika kalian menanam hanya sedikit benih, hasil panen pun akan sedikit. Jika kalian menanam banyak benih, Allah akan memberkati kalian dengan panen yang melimpah. Hasil panen seperti apa yang kalian inginkan?

"Apabila Anda menanyai seseorang apakah ia ingin mengenal Yesus lebih jauh dan jawabannya "ya", berarti itulah saatnya untuk menanam benih Injil. Allah sedang berkarya dalam kehidupan mereka!

"Taburkan benih Injil! Tidak menabur = tidak menuai. Yesus adalah Penabur dan Dia sedang menantikan hasil panen yang banyak.

"Pikirkan sejenak kepada siapa pelajaran ini bisa diajarkan di luar pelatihan ini. Tulis nama orang itu pada bagian atas halaman pertama pelajaran ini."

Penutup

Di mana Kisah Para Rasul Bab 29 Ayat 21? ☙

"Buka Alkitab Anda pada Kis Ras 29:21."

- Pembelajar akan mengatakan hanya ada 28 bab dalam kitab Kisah Para Rasul.

"Alkitab saya ada KisRas 29."

- Ajaklah beberapa pembelajar maju, tunjuk pada akhir Bab 28 dalam Alkitab mereka dan katakan mereka pun memiliki KisRas 29.

"Sekarang adalah 'Kisah Para Rasul 29'. Allah merekam apa yang dilakukan Roh Kudus melalui kita, dan suatu hari nanti kita akan mampu membacanya. Apa yang Anda inginkan untuk dikatakannya? Apa visi Anda? Peta yang sedang kita kerjakan adalah peta kita, 'Peta Kisah Para Rasul 29', dan visi tentang apa yang diinginkan Allah untuk kita kerjakan dalam kehidupan kita. Saya ingin berbagi Visi KisRas 29 saya dengan Anda."

- Bagikan 'Visi KisRas 29' Anda dengan kelompok. Pastikan untuk memasukkan konsep tentang dua jenis manusia: orang beriman dan tidak beriman. Allah ingin supaya kita memberitakan Injil kepada orang tidak beriman dan melatih orang beriman tentang cara mengikuti Yesus dan berbagi pengalaman iman mereka.

"Peta Kisah Para Rasul 29 kita mencerminkan Salib yang akan kita pikul sesuai panggilan Yesus. Kini kita akan memasuki saat-saat kudus yakni menyajikan peta kita, mendoakan satu sama lain, dan mempersembahkan hidup kita untuk mengikuti Yesus."

PETA KISAH PARA RASUL 29 – Bagian 3 ◌

- Mintalah pembelajar melingkari sedikitnya tiga kemungkinan lokasi kelompok murid baru pada peta. Mereka hendaknya menuliskan siapa yang mungkin menjadi pemimpin kelompok, keluarga tuan rumah pada samping lingkaran.
- Jika mereka sudah punya kelompok yang dirintis, berikan selamat, lalu mintalah mereka menuliskannya pada peta. Jika belum ada kelompok yang dibentuk, bantu mereka mengkaji tempat-tempat Allah sedang berkarya.
- Inilah saat terakhir pembelajar harus mempersiapkan peta sebelum dipresentasikan. Berikan waktu tambahan seperlunya.

10

Pikul Salib

Pikul Salib merupakan sesi penutupan seminar. Yesus memberi kita perintah untuk memikul Salib kita dan mengikuti-Nya setiap hari. Peta Kisah Para Rasul 29 merupakan gambaran tentang salib yang harus dipikul oleh setiap pembelajar yang telah dipanggil Yesus.

Dalam sesi terakhir ini, pembelajar menyajikan Peta Kisah Para Rasul 29 kepada kelompok. Setiap kali setelah satu penyajian, kelompoknya menumpangkan tangan pada penyaji dan Peta Kisah Para Rasul 29-nya, berdoa mohon berkat dan urapan Allah atas pelayanan mereka. Kelompok itu kemudian menantang penyaji dengan tiga kali mengulangi perintah, "Pikullah Salibmu, dan ikutilah Yesus." Pembelajar menyajikan Peta Kisah Para Rasul 29 secara bergilir hingga seluruhnya mendapat giliran. Waktu pelatihan berakhir dengan sebuah nyanyian ibadat berupa komitmen untuk menghasilkan murid-murid Yesus dan doa penutup oleh seorang pemimpin rohani yang dikenal.

Memuji Tuhan

- Mintalah seseorang memohon kehadiran dan berkat Tuhan.
- Nyanyikan dua lagu koor atau madah pujian bersama.

Berdoa

- Mintalah seorang pemimpin rohani yang dikenal dalam kelompok untuk berdoa memohon berkat atas komitmen khusus ini.

Tinjauan Ulang

Tiap sesi tinjauan ulang, formatnya sama. Mintalah pembelajar berdiri dan mengucapkan pelajaran yang sudah dipelajari. Pastikan mereka melakukan isyarat tangan pula. Tinjauan ulang ini mencakup seluruh sesi.

Apa Artinya Delapan Citra Yang Membantu Kita Mengikuti Yesus?
Prajurit, Pencari, Gembala, Penabur, Anak, Yang Kudus, Pelayan, Bendahari

Berlipat ganda
Tiga hal apa yang dilakukan bendahari?
Apa perintah pertama Allah kepada manusia?
Apa perintah terakhir Yesus kepada manusia?
Bagaimana caranya agar saya bisa berbuah dan berlipat ganda?
Apa nama kedua lautan yang ada di Israel?
Mengapa keduanya sangat berbeda?
Anda ingin menjadi seperti laut yang mana?

Mengasihi
Tiga hal apa yang dilakukan gembala?

Perintah apa yang paling penting untuk diajarkan kepada orang lain?
Dari mana datangnya kasih?
Apa artinya Ibadat Sederhana?
Mengapa kita harus Beribadat Sederhana?
Perlu berapa orang untuk Ibadat Sederhana?

Berdoa
Tiga hal apa yang dilakukan orang kudus?
Bagaimana seharusnya kita berdoa?
Bagaimana Allah akan menjawab kita?
Berapa nomor telepon Allah?

Patuh
Tiga hal apa yang dilakukan pelayan?
Siapa yang memiliki kuasa paling tinggi?
Empat perintah apa yang diberikan Yesus kepada setiap orang beriman?
Bagaimana seharusnya kita patuh pada Yesus?
Empat perintah apa yang diberikan Yesus kepada setiap orang beriman?

Berjalan
Tiga hal apa yang dilakukan anak?
Dari mana asal kekuatan dalam pelayanan Yesus?
Yesus menjanjikan apa kepada orang beriman tentang Roh Kudus sebelum penyaliban?
Yesus menjanjikan apa kepada orang beriman tentang Roh Kudus sesudah kebangkitan-Nya?
Empat perintah apa yang harus dipatuhi menyangkut Roh Kudus?

Pergilah!
Tiga hal apa yang dilakukan pencari?
Bagaimana Yesus memutuskan ke mana Dia akan melayani?
Bagaimana seharusnya kita putuskan ke mana kita akan melayani?
Bagaimana kita bisa tahu kalau Allah sedang berkarya?
Di mana Yesus sedang berkarya?
Di tempat lain mana Yesus sedang berkarya?

Berbagi

Tiga hal apa yang dilakukan gembala?
Bagaimana kita bisa mengalahkan setan?
Apa artinya garis besar kesaksian yang berpengaruh?
Apa saja pedoman penting untuk diikuti?

Menabur

Tiga hal apa yang dilakukan penabur?
Apa artinya Injil sederhana yang kita beritakan?

BELAJAR

Apa Yang Diperintahkan Yesus Kepada Pengikut-Nya Untuk Dilakukan Setiap Hari?

–Luk 9:23– Kemudian Yesus berkata kepada semua orang yang ada di situ: "Orang yang mau mengikuti Aku, harus melupakan kepentingannya sendiri, memikul salibnya tiap-tiap hari, dan terus mengikuti Aku."

"Lupakan kepentingan diri sendiri, pikul Salibmu, dan ikuti Yesus."

Empat Suara Apa Yang Memanggil Kita Untuk Pikul Salib Kita?

SUARA DARI ATAS

– Mrk 16:15– Ia berkata kepada mereka, "Pergilah ke seluruh dunia, beritakanlah Injil kepada segala makhluk. (TB)

"Yesus memanggil kita dari Surga untuk memberitakan Injil (Kabar Baik, Berita Kesukaan). Ketika Yesus memberikan perintah, kita seharusnya patuh setiap saat, langsung bertindak, dan dari hati penuh kasih."

"Inilah pesan dari atas."

Atas
 Unjuk jari ke arah atas langit.

SUARA DARI BAWAH

—Luk 16:27-28– Kata orang itu: Kalau demikian, aku minta kepadamu, Bapak, supaya engkau menyuruh dia ke rumah ayahku, sebab masih ada lima orang saudaraku, supaya ia memperingati mereka dengan sungguh-sungguh, agar mereka jangan masuk kelak ke dalam tempat penderitaan ini." (TB)

"Yesus bercerita tentang seorang kaya yang masuk neraka. Dalam cerita ini, si kaya ingin agar orang miskin bernama Lazarus turun dari Surga ke bumi untuk memperingatkan lima orang saudaranya tentang realitas neraka. Abraham menjawab bahwa mereka sudah sangat sering diperingatkan. Lazarus tidak bisa kembali ke bumi. Orang-orang yang telah mati dan berada di neraka memanggil kita untuk memberitakan Injil.

"Inilah panggilan dari bawah."

Bawah
 Unjuk jari ke bawah, ke bumi.

SUARA DARI DALAM

> *—1Kor 9:16– Karena jika aku memberitakan Injil, aku tidak mempunyai alasan untuk memegahkan diri. Sebab itu adalah keharusan bagiku. Celakalah aku jika aku tidak memberitakan injil!*

"Roh Kudus di dalam diri Paulus mendesak dia untuk memberitakan injil. Roh yang sama juga memanggil kita untuk memikul salib dan memberitakan Injil.

"Inilah panggilan dari dalam."

> Dari dalam
> ✋ Unjuk jari ke arah hatimu.

SUARA DARI LUAR

> *—Kis 16:9– Pada malam harinya tampaklah oleh Paulus suatu penglihatan: Ada seorang Makedonia berdiri di situ dan memohon kepadanya, "Menyeberanglah kemari dan tolonglah kami!" (TB)*

"Paulus berencana untuk pergi ke Asia, tetapi Roh Kudus tidak membiarkannya kali ini. Ia mendapat penglihatan bahwa seorang pria dari Makedonia sedang memohon kepadanya agar datang dan mengajarkan mereka kabar baik. Orang-orang yang tidak terjangkau dan berbagai kelompok di dunia memanggil kita untuk memikul salib kita dan memberitakan Injil.

"Inilah panggilan dari luar."

Dari luar

 Tadahkan tangan ke arah kelompok dan buat gerakan "datanglah ke mari".

- Tinjau ulang empat jenis suara panggilan dengan isyarat tangan beberapa kali bersama pembelajar sambil menanyakan suara panggilan siapa itu, dari mana datangnya, dan apa pesannya.

Presentasi

PETA KISAH PARA RASUL 29 ଦ

- Bagi pembelajar ke dalam kelompok; tiap kelompok delapan orang. Mintalah seorang pemimpin rohani yang dikenal di antara peserta PMY untuk memimpin setiap kelompok.
- Jelaskan proses waktu pelayanan berikut ini kepada pembelajar:
- Pembelajar meletakkan Peta KISRAS 29 di tengah lingkaran dan secara bergiliran menyajikan kepada kelompok. Setelah itu, kelompok menumpangkan tangan ke atas Peta KISRAS 29 dan/atau ke atas pembelajar dan berdoa mohon kuasa dan berkat Allah atas mereka.
- Setiap orang hendaknya berdoa dengan lantang secara serentak bagi pembelajar. Pemimpin rohani yang dikenal di dalam kelompok menutup waktu doa ini seraya dibimbing oleh Roh Kudus.
- Pada titik ini, pembelajar menggulung peta, meletakkan di bahu masing-masing, dan kelompok berkata, "Pikullah Salibmu dan ikutilah Yesus," sebanyak tiga kali secara

serentak. Kemudian, pembelajar berikutnya menyajikan peta mereka dan proses yang sama dimulai lagi.

- Sebelum Anda mulai, mintalah pembelajar mengulang, "Pikullah Salibmu dan ikutilah Yesus," tiga kali, seperti akan mereka lakukan setelah setiap orang menyajikan petanya. Ini akan membantu setiap orang menentukan bagaimana mengucapkan frase tersebut secara serentak.
- Apabila setiap orang di dalam kelompok sudah menyajikan peta mereka, pembelajar bergabung dengan kelompok lain yang belum selesai hingga semua pembelajar berhimpun dalam satu kelompok besar yang meliputi semua peserta seminar.
- Akhiri waktu pelatihan dengan menyanyikan lagu ibadat pengabdian yang penuh makna bagi pembelajar dalam kelompok.

Bagian 3

REFERENSI

Studi Lebih Lanjut

Bandingkan sumber-sumber berikut ini untuk mendapatkan pembahasan yang lebih mendalam tentang topik yang disajikan. Di daerah-daerah misi yang baru, sanarai buku di bawah ini bagus juga jika diterjemahkan lebih dahulu selain Kitab Suci.

Billheimer, Paul (1975). *Destined for the Throne.* Christian Literature Crusade.

Blackaby, Henry T. and King, Claude V (1990). *Experiencing God: Knowing and Doing the Will of God.* Lifeway Press.

Bright, Bill (1971). *How to Be Filled with the Holy Spirit.* Campus Crusade for Christ.

Carlton, R. Bruce (2003). *Acts 29: Practical Training in Facilitating Church-Planting Movements among the Neglected Harvest Fields.* Kairos Press.

Chen, John. *Training For Trainers (T4T).* Unpublished, no date.

Graham, Billy (1978). *The Holy Spirit: Activating God's Power in Your Life.* W Publishing Group.

Hodges, Herb (2001). *Tally Ho the Fox! The Foundation for Building World-Visionary, World Impacting, Reproducing Disciples.* Spiritual Life Ministries.Hybels, Bill (1988). Too Busy Not to Pray. Intervarsity Press.

Murray, Andrew (2007). *With Christ in the School of Prayer.* Diggory Press.

Ogden, Greg (2003). *Transforming Discipleship: Making Disciples a Few at a Time.* InterVarsity Press.

Packer, J. I (1993). *Knowing God.* Intervarsity Press.

Patterson, George and Scoggins, Richard (1994). *Church Multiplication Guide.* William Carey Library.

Piper, John (2006). *What Jesus Demands from the World.* Crossway Books.

Catatan Kaki

1. Galen Currah dan George Patterson, *Train and Multiply Workshop Manual* (Project World Outreach, 2004), h. 28.

2. Currah dan Patterson, h. 17.

3. Currah dan Patterson, h. 8, 9.

Lampiran A

Catatan Untuk Penerjemah

Pengarang buku ini memberikan izin untuk menerjemahkan materi pelatihan ini ke dalam bahasa lain sebagaimana tuntunan Allah. Harap gunakan pedoman berikut ini ketika menerjemahkan Pelatihan Mengikuti Yesus (PMY):

- Kami sarankan melatih orang lain dengan PMY beberapa kali sebelum mulai mengerjakan penerjemahan. Terjemahan hendaknya menekankan makna dan bukan hanya arti literal, atau terjemahan kata per kata. Misalnya, jika "Walk by the Spirit" diterjemahkan "Hidup oleh Roh" dalam versi Alkitab Anda, gunakanlah "Hidup oleh Roh," dan sesuaikan isyarat tangan bila perlu.
- Penerjemahan hendaknya dalam bahasa awam masyarakat Anda dan bukan "bahasa religius."
- Gunakan terjemahan Alkitab yang dapat dipahami oleh sebagian besar anggota dalam kelompok. Jika hanya ada satu versi terjemahan dan sulit dipahami, perbarui istilah-istilah dalam ayat-ayat kutipan sehingga menjadi jelas.
- Gunakan istilah yang mempunyai makna posetif untuk setiap gambaran tentang Kristus. Seringkali, tim pelatihan mungkin butuh latihan menggunakan "istilah yang tepat" beberapa kali sebelum diperoleh satu istilah yang paling tepat.

- Terjemahkan kata "Orang Kudus/Suci/Saleh" ke dalam istilah yang lazim dipakai dalam kebudayaan Anda untuk menggambarkan orang yang kudus/saleh yang beribadat, berdoa, dan unggul dalam kehidupan moral. Jika kata yang sama digunakan untuk menggambarkan kekudusan Yesus dalam bahasa Anda, tidak perlu memakai "Yang Kudus." Kami gunakan "Yang Kudus" di sini karena "Orang Kudus" tidak cukup tepat menggambarkan Yesus.
- Mungkin sulit untuk menerjemahkan kata "Hamba/Pelayan" dalam pengertian posetif, tetapi sangat penting untuk diterjemahkan. Lakukan penerjemahan secara cermat karena istilah yang Anda pilih untuk 'pelayan' menggambarkan seorang pekerja keras, rendah hati, dan suka menolong orang. Sebagian besar kebudayaan menyukai gagasan "pelayan yang rendah hati."
- Kami mengembangkan semua lakon bermain-peran di Asia Tenggara dan pada umumnya sesuai dengan kebudayaannya. Anda bebas mengadopsi lakon yang ada, yang penting Anda menggunakan barang dan gagasan yang akrab bagi orang-orang di tempat Anda.
- Kami akan senang mendengar peran serta Anda dan akan membantu sejauh kesanggupan kami.
- Hubungi kami di: *translations@FollowJesusTraining.com* sehingga kita bisa bekerja sama dan menyaksikan lebih banyak orang menjadi pengikut Yesus!

Lampiran B

Yang Sering Ditanyakan

1. Apa tujuan utama Membentuk Murid-Murid Radikal?

Sebuah kelompok kecil orang beriman (yang berkumpul untuk beribadat, berdoa, belajar Alkitab, dan saling mendukung untuk menjalankan perintah Yesus) merupakan blok pembangun utama bagi suatu jemaat yang sehat atau suatu gerakan yang bertahan lama. Tujuan kami adalah untuk memberdayakan orang sehingga mengikuti Strategi Yesus dalam menjangkau dunia dengan melatih mereka melakukan tiga tahap pertama di dalam strategi Yesus: *Kuat Bertumbuh di dalam Tuhan, Berbagi Kabar Baik,* dan *Membentuk Murid.* Misionaris kadang berperan sebagai katalis, tetapi tidak pernah menjadi fokus gerakan murid-penghasil-murid.

Sesuai pengalaman kami, kebanyakan orang beriman belum mengalami tipe transformasi komunitas yang dihasilkan oleh sebuah kelompok murid. Dalam gerakan murid-penghasil-murid, anggota keluarga saling memuridkan satu sama lain selama devosi keluarga; jemaat memuridkan anggota-anggotanya dalam kelompok murid dan kelas-kelas Sekolah Minggu; kelompok-kelompok sel melatih anggotanya tentang cara memuridkan satu sama lain; dan para perintis gereja baru sering mulai sebagai kelompok-kelompok kecil murid. Dalam suatu gerakan, berbagai kelompok murid tersebar di mana pun dan kapan pun.

2. Apa bedanya antara pelatihan dan pengajaran?

Akuntabilitas (Tanggung jawab untuk melakukan). Pengajaran memberi makan kepada pikiran. Pelatihan memberi makan kepada tangan dan hati. Dalam situasi pengajaran, guru banyak berbicara sedangkan murid sedikit bertanya. Dalam suasana pelatihan, pembelajar banyak bicara sedangkan guru sedikit bertanya. Setelah sesi pengajaran, pertanyaan yang lazim adalah "Apakah mereka suka?" atau "Apakah mereka mengerti?" Setelah sesi pelatihan, pertanyaan kunci adalah "Akankah mereka melakukannya?"

3. Apa yang sebaiknya saya lakukan jika saya tidak dapat menyelesaikan pelajaran sesuai waktu yang ditentukan?

Proses pelatihan merupakan hal yang sangat penting dalam PMY. Ajari pembelajar bukan hanya materi, tetapi juga cara melatih orang lain. Pilah bagian "Belajar" menjadi dua bagian jika Anda tidak punya waktu untuk menyelesaikan semua pelajaran dalam satu sesi. Lebih baik mempertahankan proses pelatihan dan memilah pelajaran menjadi dua bagian daripada meninggalkan satu bagian utuh proses pelatihan.

Godaan yang umum adalah melompati bagian akuntabilitas dan waktu praktek, dengan demikian menjadikan pelatihan hanya seperti studi Alkitab tradisional. Bagaimanapun, kunci pelipatgandaan adalah akuntabilitas dan praktek. Jangan meloncati dua bagian ini! Sebaiknya, pilah bagian "Belajar" ini menjadi dua sesi pertemuan dan tetap pertahankan proses pelatihan.

4. Bisakah Anda memberi saya beberapa ide tentang cara memulai?

Mulai dengan diri sendiri. Anda tidak bisa memberi jika Anda tidak punya. Pelajari ajaran yang ada dan terapkan dalam kehidupan

Anda secara teratur setiap hari. Hindari kesalahan umum, yakni anggapan bahwa Anda harus mencapai beberapa tingkatan sebelum mulai melatih orang lain. Benar pula bahwa Anda tidak bisa memiliki apa yang tidak Anda berikan. Kalau Anda seorang beriman, Roh Kudus tinggal di dalam diri Anda dan karena itu menjamin Anda mencapai tingkatan yang diperlukan untuk mulai melatih orang lain.

Adalah benar bahwa Anda tidak dapat mengajarkan apa yang tidak Anda pelajari, sementara itu benar pula bahwa Anda tidak dapat belajar apa yang tidak diajarkan kepada Anda. Cukup lakukan saja. Keluar rumah dan latih orang lain dengan penyerahan total. Ketika Anda bergabung di tempat Allah sedang berkarya, akan ada banyak peluang untuk melatih orang lain. Latihlah 5 orang dengan intensitas yang sama seperti Anda akan melatih 50 orang, dan sebaliknya. Menabur sedikit; menuai sedikit. Menabur banyak; menuai banyak. Yang paling sering akan Anda lihat adalah hasil panenan berbanding lurus dengan komitmen Anda untuk melatih orang lain.

5. Apa maksudnya "Aturan 5?"

Pembelajar harus mempraktekkan satu pelajaran sebanyak lima kali sebelum cukup percaya diri untuk melatih orang lain. Kali pertama, pembelajar mengatakan, "Pelajarannya bagus. Terima kasih." Kali kedua (setelah diajari), mereka akan katakan, "Saya kira mungkin saya bisa mengajarkan pelajaran ini, tetapi saya belum yakin." Kali ketiga, pembelajar bilang, "Untuk mengajarkan pelajaran ini tidak sesulit yang saya bayangkan. Mungkin saya mampu melakukannya bagaimana pun."

Kali keempat, pembelajar mengatakan, "Saya bisa mengerti betapa pentingnya pelajaran ini dan saya mau mengajari orang lain. Tiap kali pelajarannya makin gampang." Kali kelima, pembelajar nyatakan, "Saya mampu melatih orang lain tentang bagaimana caranya mengajarkan pelajaran ini. Saya yakin Allah akan menggunakan pelajaran ini untuk mengubah hidup teman-teman dan keluarga saya."

Mempraktekkan suatu pelajaran melibatkan entah "melihat" atau "mengerjakan." Karena itu, kami sarankan agar dipraktekkan dua kali. Pembelajar hendaknya mempraktekkan satu kali bersama pasangan doanya, lalu pindah ke pasangan lain dan mengajar pelajaran itu lagi.

6. Mengapa begitu banyak isyarat tangan dipakai?

Mungkin akan kelihatan kekanak-kanakan pada awalnya, tetapi kebanyakan orang segera menyadari bahwa cara ini membantu mereka menghafal materi dengan lebih cepat. Penggunaan isyarat tangan sangat membantu mereka yang menyukai cara belajar kinestetik dan visual.

Namun demikian, berhati-hatilah dengan isyarat tangan! Cari tahu kebiasaan/adat istiadat mereka yang dilatih dan pastikan tidak ada isyarat tangan yang berkesan buruk atau mengandung arti yang tidak sesuai dengan maksud Anda. Kami sudah menguji-coba isyarat tangan dalam buku petunjuk ini di beberapa negara Asia Tenggara, tetapi sebaiknya selidiki lagi sebelum diterapkan.

Tidak usah heran kalau para doktor, pengacara, dan para pembelajar yang lebih terpelajar senang belajar dan melakukan isyarat tangan. Sebuah komentar yang sering kami dengar adalah "Akhirnya! Inilah pelajaran yang bisa saya ajarkan kepada orang lain dan mereka akan mengerti lalu melakukannya."

7. Mengapa pelajarannya begitu sederhana?

Yesus melatih dengan cara yang sederhana dan mudah diingat. Kami menggunakan contoh-contoh nyata dalam kehidupan (lakon bermain-peran) dan cerita-cerita karena itulah yang dilakukan Yesus. Kami percaya suatu pelajaran sungguh bisa-direproduksi hanya jika pelajaran itu bisa lolos "ujian celemek." (Bisakah pelajarannya ditulis pada selembar celemek di atas hidangan kasual dan secara langsung direproduksi oleh pembelajar?) Pelajaran-pelajaran dalam PMY "mengajari diri mereka sendiri" dan bergantung pada Roh Kudus untuk menabur benih yang baik. Kesederhaan adalah faktor kunci dalam reproduksibilitas.

8. Apa kesalahan umum yang terjadi ketika melatih orang lain?

- *Mereka Meloncati Aspek Akuntabilitas Pelatihan:* Pertemuan kelompok kecil terdiri atas ibadat, doa, dan belajar Alkitab. Pelatihan mencakup tiga hal itu, tetapi menambahkan akuntabilitas dalam sesi "praktek." Kebanyakan orang yakin bahwa mereka tidak dapat menjamin bahwa orang lain akan bertanggung jawab dalam hal mengasihi, sehingga mereka meloncati bagian ini. Dengan menyusun dan mengajukan pertanyaan yang tidak menghakimi, suatu kelompok dapat saling bertanggung jawab satu sama lain dan melihat adanya pertumbuhan rohani yang berarti.
- *Mereka Fokus Pada Beberapa dan Bukan Banyak Hal:* Gagasan tentang pemuridan satu-lawan-satu memang bagus dalam teori, tetapi gagal dalam praktek. Norma biblis kelihatannya berupa pembentukan murid dalam suatu situasi kelompok kecil. Yesus menghabiskan sebagian besar waktu bersama Petrus, Yakobus, dan Yohanes. Sekelompok pria menemani Petrus dalam perjalanan pemuridannya dan membantu jemaat di Yerusalem. Surat-surat Paulus penuh dengan daftar kelompok orang yang "dijadikannya murid." Bahkan, hanya sekitar 15 sampai 20 persen orang yang Anda latih akan menjadi benar-benar pelatih. Jangan putus asa soal fakta ini. Malah dengan persentase ini, Allah akan menghasilkan gerakan pemuridan jika kita tetap setia menyebarluaskan benih Injil.

- *Mereka Terlalu Banyak Bicara:* dalam suatu sesi khusus 90-menit, pelatih mungkin berbicara kepada kelompok selama 30 menit. Pembelajar menghabiskan sebagian besar waktu dalam sesi pelatihan melalui kebersamaan dalam ibadat, doa, berbagi, dan praktek. Banyak yang berasal dari latar belakang pendidikan barat terjebak dengan membalikkan urutan waktu ini.
- *Mereka Melatih dengan Cara yang Tidak Bisa-Direproduksi:* Kunci gerakan pemuridan adalah reproduksibilitas (kemampuan reproduksi). Akibatnya, orang-orang terpenting yang sedang Anda latih tidak merata di dalam ruangan; mereka berupa murid-murid generasi ketiga, keempat, dan kelima yang melatih murid lainnya. Seharusnya, pertanyaan penuntunnya adalah "apakah murid-murid generasi berikut akan mampu meniru setepat-tepatnya apa yang saya lakukan dan meneruskannya kepada orang lain?" Apa yang akan terjadi jika orang-orang beriman generasi keempat memberitakan, menyajikan, memfasilitasi, dan membawakan materi yang sama dalam sesi mereka seperti yang sedang Anda lakukan? Jika mereka dapat meniru Anda dengan mudah, berarti bisa-direproduksi. Jika mereka harus melakukan penyesuaian, berarti tidak bisa-direproduksi.

9. Apa yang harus saya lakukan jika tidak ada orang beriman dalam Kelompok Orang Belum Terjangkau (KOBeT)?

- Pelajari bahan PMY dan mulai memuridkan dan memberikan kesaksian kepada mereka di dalam KOBeT Anda. Pelatihan Mengikuti Yesus memberikan kepada para 'pencari' sebuah citra bagus tentang siapa itu Yesus dan apa artinya menjadi seorang Kristen. Di Asia Tenggara, kami sering memuridkan orang lalu memberitakan injil kepada mereka. PMY memberi Anda suatu cara yang tidak-menakutkan untuk dilakukan.

- Tentukan lokasi orang beriman dalam suatu kelompok orang yang terhubung secara erat—kelompok yang memiliki kemiripan keadaan ekonomi, politik, wilayah, dan budaya dengan kelompok yang sedang Anda jangkau. Latihlah mereka dengan bahan PMY, tanamkan suatu visi untuk menjangkau rekan-rekan mereka dalam kelompok orang yang berdekatan.
- Kunjungi Seminari dan Sekolah Alkitab untuk mengidentifikasi orang-orang dari KOBeT Anda.
- Seringkali, Allah sudah membina para pemimpin (kita hanya kurang menyadari kehadiran mereka). Tentukan lokasi mereka yang memiliki satu keluarga yang berasal dari KOBeT Anda. Banyak kali para pemimpin ini memikul tanggung jawab atas KOBeT seperti itu, tetapi memiliki sedikit pengalaman tentang bagaimana cara menjangkau mereka.

10. Apa langkah pertama bagi para murid baru ketika mereka mulai melatih murid-murid baru?

Doronglah pembelajar untuk mengikuti format Ibadat Sederhana yang sudah mereka praktekkan. Kelompok itu memuji Allah lalu berdoa bersama-sama. Dalam bagian "Belajar", mereka saling mengajar satu sama lain bahan pelajaran dari PMY atau menceritakan satu kisah Alkitab dengan tiga pertanyaan terapan.

Dalam bagian "Praktek", lagi-lagi mereka saling mengajar. Pembelajar mempraktekkan format Ibadat Sederhana sebanyak sembilan kali selama seminar dan memiliki kepercayaan diri untuk merintis sebuah kelompok murid setelah selesai pelatihan.

11. Dalam situasi dan cara apa saja para pelatih menggunakan materi pelatihan ini?

Para pelatih sudah berhasil menggunakan PMY dengan cara sebagai berikut:

- Situasi Seminar —Jumlah pembelajar untuk suatu seminar sebaiknya 24-30 orang. Seminar ini berlangsung selama dua setengah sampai tiga hari, bergantung pada tingkat pendidikan pembelajar.
- *Sesi Mingguan* —Jumlah pembelajar untuk pelatihan mingguan sebaiknya 10-12 orang. Tambahan waktu praktek untuk Ibadat Sederhana membuat siklus pelatihan menjadi selama 12 minggu. Biasanya, seluruh sesi berlangsung di rumah anggota atau di gereja. Beberapa pelatih membimbing kelompok-kelompok dwi-mingguan dalam artian bahwa orang yang sedang dilatih akan melatih orang lain pada minggu-minggu di luar jadwal. Pendekatan ini ternyata telah mempercepat gerakan perintisan gereja secara eksponensial.
- *Kelas Sekolah Minggu*- *Jumlah pembelajar yang akan dilatih di Sekolah Minggu sebaiknya 8 sampai 12 orang.* Oleh karena panjangnya proses pelatihan, bagian "Belajar" pada setiap pelajaran biasanya dipilah menjadi dua dan diajarkan dalam dua hari Minggu. Ibadat Sederhana bisa ditekankan setiap waktu, sehingga pelatihan akan berakhir dalam 20 minggu.
- *Kelas Seminari atau Sekolah Tinggi Alkitab* —Para pelatih menggunakan PMY dalam satu-minggu pembekalan intensif dan atau berbasis mingguan selama kelas penginjilan atau pemuridan.
- *Konferensi* —Kelompok-kelompok Besar dengan pembelajar hingga seratus orang bisa dilatih dalam Pemuridan Dasar PMY jika para asisten (tenaga magang) membantu pelatih utama dengan banyak kelompok dan logistik.

- *Kotbah* –Setelah menyelesaikan PMY, pendeta sering mengajari jemaatnya tentang pelajaran-pelajaran PMY. Ini menimbulkan minat dan momentum bagi mereka yang sedang melatih orang lain untuk mengikuti Yesus. Namun, godaannya adalah, "mengajarkan" materi PMY dan bukan "melatih" orang dengan PMY. Para pendeta harus mencegah bahaya ini ketika menggunakan pelajaran PMY dalam kotbah mereka. Para pendeta hendaknya menggunakan pelajaran PMY sebagai suatu cara untuk memberdayakan pelatih guna melatih orang lain dalam jemaatnya.
- *Gelar-wicara Misionaris* –Para misionaris bisa berbagi dengan pendukungnya bagaimana mereka melatih berbagai bangsa dengan cara yang praktis. Para pendukung sering menyatakan betapa mereka bergairah untuk mempelajari cara yang sederhana untuk mengikuti Yesus dan cara-cara para misionaris melakukan pekerjaan itu di lapangan.
- *Pelatihan* –Ada pelatih yang menggunakan bagian-bagian pelajaran PMY untuk melatih para pemimpin pada momen-momen yang bisa digunakan. Karena PMY bersifat holistik (tiap bagian memperkuat dan menjelaskan bagian lainnya), seorang pelatih bisa mulai dari titik mana pun dalam pelatihan dan tetap menjaga agar memberikan gambaran selengkap-lengkapnya tentang cara mengikuti Yesus.

12. Apa yang sebaiknya saya lakukan jika orang-orang tidak terdidik atau separuh-terdidik menghadiri sesi pelatihan?

Oh, ada banyak cerita yang bisa kami bagikan tentang hal ini! Lakukan saja. Masih jelas teringat ketika kami mengadakan pelatihan di Thailand dan pesertanya terutama adalah wanita dari suku-suku di pegunungan sebelah utara. Dalam kebudayaan mereka, wanita dilarang belajar membaca atau menulis sebelum remaja. Tentu saja, ini berarti kebanyakan mereka tidak pernah belajar.

Biasanya dalam suatu pelatihan, wanita akan duduk diam dan mendengar sementara lelakinya belajar. Namun, dengan pendekatan praktis dari Pelatihan Mengikuti Yesus ini, semua peserta wanita ikut terlibat dalam pelatihan selama tiga-hari. Kami meminta seorang pembaca untuk membacakan teks Alkitab dengan lantang (alih-alih seluruh kelompok membacakannya keras-keras secara serentak) dan membagi para wanita ke dalam kelompok lima atau enam orang (bukan berpasangan) selama waktu pelatihan. Air mata mengalir deras selama tiga hari itu ketika para wanita mengatakan, "Sekarang kami sudah belajar sesuatu yang dapat kami berikan kepada orang lain."

Lampiran C

DAFTAR PERIKSA

Sebelum Pelatihan ...

- *Daftar Tim Doa* –Daftarkan sebuah tim doa yang terdiri atas 12 orang untuk menyelingi pelatihan, sebelum dan selama minggu pelatihan. Hal ini SANGAT penting!
- *Daftar seorang Asisten* –Daftarkan seorang asisten magang untuk menjadi tim-pengajar bersama Anda, seseorang yang sebelumnya menghadiri PMY: *Membentuk Murid-Murid Radikal*.
- *Undang Peserta* –Undanglah para peserta dengan cara yang sopan dan peka budaya. Ini bisa berupa surat, undangan, dsb. Sebaiknya, jumlah peserta pelatihan *Membentuk Murid-Murid Radikal* sebanyak peserta Seminar yakni 24-30 orang. Jika Anda dibantu oleh beberapa orang asisten magang, Anda bisa melatih hingga 100 pembelajar. Pelatihan *Membentuk Murid-Murid Radikal* bisa pula dijalankan dengan efektif secara mingguan dengan suatu kelompok yang terdiri atas tiga atau lebih pembelajar.
- Konfirmasi Logistik –Urus segala sesuatu menyangkut penginapan, makanan, dan angkutan bagi pembelajar seperlunya.

- *Atur Tempat Pertemuan* —Tata ruang pertemuan dengan dua meja untuk barang-barang pendukung di belakang ruangan, kursi-kursi diatur melingkar bagi pembelajar dan sediakan banyak ruang lapang untuk kegiatan belajar selama pelatihan. Apabila lebih sesuai, gunakan tikar di lantai sebagai ganti kursi. Rencanakan dua kali waktu istirahat per hari dengan minuman kopi, teh dan makanan ringan.
- *Siapkan Semua Materi Pelatihan* —Sediakan Alkitab, papan tulis, kertas kartun dan spidol, buku catatan siswa, buku catatan pemimpin, kertas poster putih untuk tiap pembelajar untuk latihan menggambar Peta KISRAS 29, pensil warna atau krayon, buku tulis, bulpen, dan pensil.
- *Atur Sesi Ibadat* —Bagikan teks lagu atau buku lagu untuk tiap peserta. Temukan seseorang dalam kelompok yang bisa bermain gitar dan mintalah dia untuk membantu Anda (jika mungkin). Pemilihan lagu hendaknya disesuaikan dengan Judul tiap pelajaran pada suatu sesi.
- *Siapkan Barang-Barang Pendukung Pembelajaran Aktif* — Kumpulkan balon, botol air, dan hadiah lomba.

Selama Pelatihan ...

- *Luwes*—Ikuti jadwal, tetapi lakukan dengan seluwes mungkin sehingga para pembelajar dapat menyatu dengan Allah yang sedang berkarya dalam diri pembelajar.
- *Tekankan Praktek dan Akuntabilitas* —Pastikan para pembelajar melakukan praktek mengajar satu sama lain setelah Anda mengajari mereka. Tanpa praktek, pembelajar tidak akan percaya diri untuk melatih orang lain. Akan lebih baik mempersingkat pelajaran daripada memangkas waktu praktek. Praktek dan akuntabilitas merupakan kunci pelipatgandaan.

- *Libatkan Setiap Orang dalam Kepemimpinan* –Mintalah orang yang berbeda untuk berdoa pada akhir tiap sesi. Pada akhir pelatihan, setiap orang hendaknya telah mendapat giliran menutup sesi pelajaran dengan doa sedikitnya satu kali. Pembelajar hendaknya mendapat giliran memimpin salah satu bagian Ibadat Sederhana dalam kelompok kecilnya.
- *Berdayakan dan Kenali Bakat Tiap Pembelajar* –Berdayakan peserta agar menggunakan karunia mereka selama pelatihan. Daftarkan pembelajar untuk memanfaatkan bakat/hobi mereka selama seminar: musik, ramah-tamah, doa, mengajar, humor, melayani, dll.
- *Tinjau Ulang, Tinjau Ulang, Tinjau Ulang* –Hendaknya bagian tinjauan ulang tidak dilewati begitu saja pada permulaan tiap sesi. Pada akhir seminar, tiap pembelajar hendaknya mampu mereproduksi seluruh pertanyaan, jawaban, dan isyarat tangan. Ingatkan pembelajar untuk saling melatih seperti yang sudah Anda latihkan. Mereka hendaknya tiap kali melakukan bagian tinjauan ulang bersama orang yang mereka latih.
- *Persiapan Evaluasi* –Buat catatan selama tiap sesi mengenai aspek-aspek pelatihan yang tidak dipahami pembelajar atau pertanyaan yang mungkin mereka ajukan kepada Anda. Catatan-catatan ini bakal membantu Anda dan asisten pada saat evaluasi nanti.
- *Jangan Melompati Waktu Ibadat Sederhana* –Ibadat Sederhana merupakan bagian terpadu dari proses pelatihan. Ketika pembelajar merasa nyaman dalam memimpin Ibadat Sederhana, mereka akan memiliki kepercayaan diri untuk merintis sebuah kelompok setelah pelatihan.

Setelah Pelatihan ...

- *Lakukan evaluasi atas setiap aspek pelatihan bersama asisten Anda* –Gunakan waktu untuk mengkaji ulang dan mengevaluasi waktu pelatihan bersama asisten Anda. Buat sebuah daftar mengenai hal-hal posetif dan negatif. Buat rencana untuk memperbaiki pelatihan pada kesempatan berikut ketika Anda mengajarkannya.

- *Bicarakan dengan Asisten yang Berpotensi mengenai Bantuan Dalam Pelatihan-pelatihan Mendatang* —Hubungi dua atau tiga pembelajar yang telah menunjukkan potensi kepemimpinan selama pelatihan agar membantu Anda dalam pelatihan Membentuk Murid-Murid Radikal di masa mendatang.
- *Semangati Peserta Pelatihan untuk Membawa seorang Teman pada Pelatihan Berikutnya* —Berikan semangat, ajak peserta pelatihan agar kali berikut kembali menghadiri pelatihan bersama teman-teman lain. Ini merupakan cara yang efektif untuk mempercepat peningkatan jumlah pelatih yang akan melatih orang lain.

Jadwal

Gunakan buku petunjuk untuk memfasilitasi seminar tiga-hari atau program pelatihan 12-minggu. Tiap sesi dalam kedua jadwal ini makan waktu satu setengah jam dan memanfaatkan Proses Pelatihan Pelatih pada halaman 21.

Pelatihan Pemuridan Dasar – Tiga Hari

	Hari 1	Hari 2	Hari 3
8:30	Ibadat Sederhana	Ibadat Sederhana	Ibadat Sederhana
9:00	Selamat Datang	Patuh	Menabaur
10:15	*Istirahat*	*Istirahat*	*Istirahat*
10:30	Melipatgandakan	Berjalan	Mengikuti
12:00	Makan Siang	Makan Siang	Makan Siang
13:00	Ibadat Sederhana	Ibadat Sederhana	Ibadat Sederhana
13:30	Mengasihi	Pergilah!	Pikul Salib
15:00	*Istirahat*	*Istirahat*	
15:30	Berdoa	Berbagi	
17:00	Makan Malam	Makan Malam	

Pelatihan Pemuridan Dasar – Mingguan

Minggu 1	Selamat Datang Ibadat Sederhana	*Minggu 7*	Berjalan
Minggu 2	Berlipat ganda	*Minggu 8*	Ibadat Sederhana
Minggu 3	Mengasihi	*Minggu 9*	Pergilah!
Minggu 4	Ibadat Sederhana	*Minggu 10*	Berbagi
Minggu 5	Berdoa	*Minggu 11*	Mengikuti
Minggu 6	Patuh	*Minggu 12*	Pikul Salib

www.ingramcontent.com/pod-product-compliance
Lightning Source LLC
Chambersburg PA
CBHW071459040426
42444CB00008B/1417